MASA MADRE
paso a paso

Papel certificado por el Forest Stewardship Council®

Para Casandra, mi compañera, mi pan

Primera edición: marzo de 2025

© 2025, Ibán Yarza, por el texto y las fotografías
© 2025, Penguin Random House Grupo Editorial, S. A. U.
Travessera de Gràcia, 47-49. 08021 Barcelona

Penguin Random House Grupo Editorial apoya la protección de la propiedad intelectual. La propiedad intelectual estimula la creatividad, defiende la diversidad en el ámbito de las ideas y el conocimiento, promueve la libre expresión y favorece una cultura viva. Gracias por comprar una edición autorizada de este libro y por respetar las leyes de propiedad intelectual al no reproducir ni distribuir ninguna parte de esta obra por ningún medio sin permiso. Al hacerlo está respaldando a los autores y permitiendo que PRHGE continúe publicando libros para todos los lectores. De conformidad con lo dispuesto en el artículo 67.3 del Real Decreto Ley 24/2021, de 2 de noviembre, PRHGE se reserva expresamente los derechos de reproducción y de uso de esta obra y de todos sus elementos mediante medios de lectura mecánica y otros medios adecuados a tal fin. Diríjase a CEDRO (Centro Español de Derechos Reprográficos, http://www.cedro.org) si necesita reproducir algún fragmento de esta obra.
En caso de necesidad, contacte con: seguridadproductos@penguinrandomhouse.com

Printed in Spain — Impreso en España

ISBN: 978-84-253-6836-3
Depósito legal: B-1.421-2025

Diseño de cubierta e interior: Penguin Random House Grupo Editorial / David Ayuso

Maquetación: Compaginem Llibres, S. L.
Impreso en Gómez Aparicio, S. A.
Casarrubuelos (Madrid)

GR 68363

IBÁN YARZA

MASA MADRE
paso a paso

Un curso para aprender de forma fácil
todas las técnicas, recetas y trucos

Grijalbo

SUMARIO

Prólogo 10

La masa madre: creación, uso y conservación 13

   Presentación
   Crear una masa madre, método «tradicional»
   Crear una masa madre sólida, método sin descartes
   Utilización de la masa madre: ideas básicas
   Utilización de la masa madre: casos prácticos
   Conservación de la masa madre entre hornadas
   Conservación a medio y largo plazo
   Convertir una masa madre de blanca a integral o de sólida
     a líquida
   ¿A cuánta levadura equivale la masa madre?
   Dr. Pan: creación de la masa madre
   Dr. Pan: utilización y conservación de la masa madre

Introducción general sobre pan 37

   Qué necesitas para hacer pan en casa
   Maneras de crear calor en casa
   Harinas
   Manipulación de la masa
   Amasado. Ideas esenciales
   Amasado. Técnicas
   Fermentación. Técnicas
   Formado. Ideas esenciales
   Formado. Técnicas
   Horneado
   Conservación y degustación

1. Amasado e hidratación 61

   Presentación
   Sin amasado: *hogaza de masa madre sencilla (amasada con pliegues,
     sin formado sobre mesa)*
   Amasado de masas firmes: *pan de molde de masa madre con patata asada*
   Amasado de masas húmedas y autolisis: *chapata de masa madre
     (fermentación en nevera)*
   Refinado de masas hipohidratadas: *candeal de masa madre*
   Amasar con cuchara: *pan semiintegral con frutos secos (sin amasar
     ni formar)*

2. Fermentación 75

   Presentación
   Cantidad intermedia de masa madre: *hogaza de 3 kilos (sin
     amasado)*
   Muy poca cantidad de masa madre (1%): *pan inspirado en el «Extreme»
     de Dan Lepard*
   Una cantidad minúscula de masa madre: *barrotes semiintegrales de
     aceitunas (sin amasado ni formado)*
   Mucha cantidad de masa madre, tanta como harina: *pan de centeno
     con semillas de girasol*

Muchísima masa madre; tres veces de masa madre por harina: *pan de frutas nórdico*
Un pan que es solo masa madre: *tortitas de avena fermentada*
Dr. Pan: fermentación con masa madre

3. Fermentación mixta — 93
Presentación
Masa lenta con aporte mínimo de levadura: *pan del 2*
Pan rapidísimo: mucha masa madre y levadura: *centeno aromático con higos e hinojo*
Pan de levadura con masa madre en polvo como agente aromático: *rosca de mentirijillas con sésamo*
Fermentación con masa madre y poolish: *torta de aceite (sin amasado)*
Pan con restos de masa madre: *barritas de algarroba*

4. Centeno — 107
Presentación
Masa madre en varios pasos: *pan de centeno «automático»*
Masa madre con sal: *centeno rústico alemán 100 % integral*
Masa madre en dos o tres fermentaciones: *pan de mezcla estilo* Mischbrot
Masa madre aromatizada (y avena a remojo en caliente): *bollos tiernos de centeno, trigo y avena con anís, mantequilla y miel*
Uso de centeno en granos: *pan de centeno al estilo danés,* rugbrød
Dr. Pan: centeno

5. Nevera — 123
Presentación
Nevera en la primera fermentación: *rosca multisemillas*
Nevera en la segunda fermentación: *barrote de pasas y nueces*
Nevera en las dos fermentaciones: *hogaza de trigo duro*
Uso de la masa madre directamente de la nevera: *hogaza sin refrescos de la masa madre*

Larga autolisis en nevera: *pan de trigo duro y centeno con anís y aceite de oliva*
Dr. Pan: fermentación en frío

6. Cocción — 139
Presentación
Cocción en olla: *pan de Instagram*
Cocción en hojas de berza: *broa, pan de millo*
Cocción al baño maría: *pan de lata al estilo del* Upplandskubb
Cocción en sartén o chapa: *bollos de espelta integral en sartén*
Fritura: *buñuelos de masa madre con manzana y canela*
Dr. Pan: cocción

7. Proyecto de fin de curso — 155
Presentación
Masa dulce con impulsor y masa madre: *bizcocho de chocolate 100 % centeno con masa madre*
Reciclaje de pan como ingrediente de masa de pan: *pan caníbal con bizcocho de chocolate*
Usar pan de centeno viejo en lugar de harina: *tarta de pan,* brødtorte

8. Fuera de programa: masas dulces — 165
Presentación
Cómo preparar una masa madre dulce
Masa enriquecida de fermentación natural: *brioche de masa madre*
Dr. Pan: masas dulces

Apéndices y extras — 175
Cronograma de las recetas
Última lección
Cálculos y matemáticas panaderas
Glosario
Índice de ingredientes

Prólogo

Hace dos años, en 2023, publiqué *Pan paso a paso*, un curso para aprender a hacer pan en casa de forma sencilla, sin tecnicismos ni necesidad de instrumentos extraños. En aquel libro tomé la inspiración de la obra *El clave bien temperado*, de Johann Sebastian Bach, quien, para enseñar a sus alumnos cada una de las 24 tonalidades musicales, presenta una colección de 24 piezas, algunas de las cuales son melodías muy conocidas. Lo brillante de esa obra es que aquellos maravillosos preludios y fugas no están allí por lo hermosos que son, sino porque cada uno ejemplifica un concepto que hay que aprender.

Curiosamente, trescientos años más tarde y en el mundo de la panadería, ese planteamiento me parece brillante y muy adecuado, ya que en panadería (contra lo que a veces se piensa) una receta no vale mucho, sino que es el método lo que cuenta, la comprensión de los procesos y las técnicas. Con esa idea como base, *Pan paso a paso* expone todo un abanico de técnicas y métodos a lo largo de los distintos pasos del proceso de panificación, en lugar de proponer el típico planteamiento por sabores, harinas o formas (panes blancos, integrales, bollería, por ejemplo). Al plantear *Pan paso a paso* y querer mantener un tono sencillo y asequible, nos dimos cuenta de que no podía ser un libro muy amplio, para no abrumar al lector, y por eso decidimos dividirlo en dos volúmenes y dejar todo lo relacionado con la masa madre de cultivo para el segundo libro. La premisa es que cada uno de los dos libros se pueda usar de manera independiente, pero que juntos formen un curso en dos volúmenes. Tienes en tus manos el segundo volumen, *Masa madre paso a paso*.

Hice mi primera masa madre hace veinte años, en 2005, en la fría primavera londinense, y aún recuerdo aquellas sensaciones. La incertidumbre, la frustración al no entender y tener que repetir, y la sensación de plenitud al ver crecer un ser vivo en mi casa y poder hacer el primer pan de mi vida. Cualquiera que haya elaborado una masa madre y sus propios panes con la mezcla eterna de harina, agua y sal comparte esta vivencia que para muchos es iniciática.

Durante años he enseñado a miles de personas a hacer pan en su casa, en especial pan de masa madre, y me consta que es un tema que a menudo crea algo de frustración y ansiedad. La masa madre genera una extraña reacción polarizada entre quienes no la conocen: por un lado parece ser un imán, atrae a la gente como si fuera un hechizo secreto, algo mágico. Por otro lado, en ocasiones parece generar el temor y el rechazo de lo desconocido. Sea como fuere, si uno escucha o lee lo que se dice acerca de la masa madre, de su creación y uso, parece que hay que ser poco menos que un alquimista para afrontar los desafíos que supone, cuando es algo bastante más sencillo.

La masa madre es un ser bastante predecible, está formado por un sustrato (harina y agua) en el que viven unos microorganismos (levaduras y bacterias) cuyo comportamiento se puede no solo predecir, sino condicionar de forma sencilla para que se adapte a nuestro ritmo de vida.

Igual que ocurría en *Pan paso a paso*, el libro se centra en presentar métodos y procesos, no recetas. Las recetas son solamente un medio para mostrar las posibilidades técnicas; por eso el título de cada sección es la técnica que se aprende y no la receta que lo ejemplifica. Se recorren los distintos pasos del proceso panadero (hidratación y amasado, fermentación, cocción, etc.) intentando mostrar todas las posibilidades de cada uno de esos pasos. Es cierto que, especialmente en el capítulo de introducción general (en el que se explican las bases de la panadería) es imposible que no haya alguna duplicación respecto al contenido de *Pan paso a paso*, ya que algunos conceptos son de aplicación general. No obstante, este volumen se centra en las posibilidades fermentativas de la masa madre, que ocupa el grueso del libro, a lo largo de los capítulos de fermentación, fermentación mixta, fermentación de centeno, fermentación en nevera y uso de la masa madre en masas dulces.

En los tiempos de la inmediatez de WhatsApp y las redes sociales, crear en casa un cultivo simbiótico de levaduras y bacterias tal como se ha hecho durante milenios es un ejercicio extrañamente liberador. Como lo es elaborar con tus manos panes que tardan varias horas (a veces días) en fermentar. Hay algo hipnótico en este ejercicio de la lentitud que engancha cada vez a más personas y les proporciona no solo pan y un proceso entretenido, sino una sensación de plenitud, de felicidad sencilla y cotidiana al ver crecer la masa madre y sacar deliciosos panes del horno. Como prueba, basta pensar en la explosión de la panadería casera, y en especial de la masa madre, en los duros meses del confinamiento durante la pandemia de 2020. En esos momentos difíciles mucha gente buscó cobijo en el sencillo gesto de mezclar harina y agua. Aquellos días fueron el germen de este libro que tienes entre tus manos.

Ibán Yarza

LA MASA MADRE: CREACIÓN, USO Y CONSERVACIÓN

Introducción general sobre pan

1. **Amasado e hidratación**

2. **Fermentación**

3. **Fermentación mixta**

4. **Centeno**

5. **Nevera**

6. **Cocción**

7. **Proyecto de fin de curso**

8. **Fuera de programa: masas dulces**

Apéndices y extras

Presentación

De la fascinación al miedo

Una idea que percibo a menudo es que la masa madre es muy difícil de entender y usar, algo engorroso. Es cierto que requiere algún paso más que usar levadura, y probablemente más tiempo. Pero si usas la levadura de manera adecuada, es decir, elaborando fermentos y dando largos reposos para crear panes de calidad, llenos de aroma, sabor, los tiempos prácticamente se igualan, ya que ambos suelen requerir empezar de víspera, como sucede, por otro lado, cuando queremos preparar muchos platos en la cocina, desde unas legumbres hasta un bacalao. Con excepciones, el buen pan requiere tiempo, y creo que esta es una de las razones por las que el uso de masa madre en casa es tan popular y hace furor entre aquellos panaderos que fermentan así sus panes. La satisfacción de crear tu masa madre, primero, y hacer unos panes maravillosos, después, es algo difícil de explicar (de ahí que los panaderos caseros que hacemos pan de masa madre a veces seamos un poco pesados, todo hay que decirlo).

Creación y uso, dos cosas muy diferentes

Una de las grandes confusiones que se dan entre el público en general es mezclar dos conceptos básicos de la masa madre. Por un lado está la obtención o creación de la masa madre, que es un proceso que precisa varios días, de 4 a 6 días suele ser algo habitual. Este proceso solo lo harás una vez en tu vida, e incluso puedes saltártelo si tienes algún amigo que te dé un poco de masa madre (no obstante, te recomiendo que lo hagas, ya que es muy emocionante y le devuelve al niño que llevamos dentro parte del asombro por el mundo que nos rodea). En las primeras páginas del libro te voy a enseñar a crear tu masa madre desde cero.

El uso de masa madre de cultivo (una vez que tienes una) es mucho más sencillo que su creación, y normalmente solo requiere sacarla de la nevera la víspera y alimentarla una o varias veces, según el estilo de pan que quieras hacer y el estado de la masa madre, antes de hacer pan. Suelo compararlo con poner las legumbres a remojo la noche anterior, cosa que nadie diría que es muy complicado.

Mil maneras de hacer, ¿y la tuya?

La tradición de guardar un trozo de masa de la última hornada es un gesto milenario que se ha practicado en los cinco continentes por millones de personas. Por ello no es extraño que haya muchos modos de entender y trabajar la masa madre, tanto en su creación como en su uso. Las ideas expuestas en el siguiente capítulo son apenas unas pocas, cuya efectividad he comprobado durante años y he transmitido con entusiasmo a mucha gente que a su vez se ha apasionado (en algún caso hasta el punto de llegar a montar una panadería; tal es el poder del hechizo de la masa madre).

Hay algunas tradiciones panaderas, como la alemana o la francesa, que tienen definidos y escritos con precisión algunos métodos de alimentación y uso de la masa madre. Leer manuales profesionales de panadería alemana provoca una asombrosa sensación de control y orden. Sin embargo, hay incontables gestos y costumbres no documentados que pertenecen a la tradición oral y que aún se practican en el entorno rural (en muchos casos son voces que se van apagando poco a poco sin relevo). Lo llamativo es que a veces varios sistemas o métodos pueden incluso llegar a dar indicaciones que parecerían contradictorias. Es la belleza del pan, que hay muchas maneras de hacer las cosas, y que a menudo no hay una sola verdad. Aunque esto suene un poco arbitrario, en realidad es maravilloso ir probando procesos hasta dar con el que más se adapte a ti, a tus horarios, a tu cocina, a tus harinas y a tu gusto. Por eso, lee con atención y sigue las indicaciones de las siguientes páginas, pero no pienses que son una ley escrita en piedra; siéntete libre de innovar.

¿Cómo se crea una masa madre?

Antes de nada, piensa que muchísimas personas que han hecho pan durante siglos no han sabido lo que vas a aprender, ya que la manera más habitual de conseguir masa madre era pedírsela a la vecina que hubiese horneado la última, especialmente en el entorno rural.

Hay muchas formas de crear una masa madre desde cero, usando todo tipo de ingredientes y técnicas. En este capítulo te propongo dos maneras distintas, elige la que más te guste. Hay un par de ideas básicas que tienes que recordar: para hacer masa madre puedes usar cualquier harina (blanca, integral, del grano que sea, sin gluten, todo vale). La segunda es que cuando creas una masa madre estás invitando a unos microorganismos a que colonicen la harina que les ofreces, y para eso es importante controlar la temperatura. Intenta que la masa madre esté cerca de los 24 °C. Durante varios meses al año esto es fácil, pero hay otra época en la que la cosa se complica. Para ayudarte, más adelante encontrarás un apartado en el que te enseño maneras de crear calor para tu masa madre.

Crear una masa madre, método «tradicional»

Lo primero que debes tener en cuenta es que el ingrediente esencial de este proceso es la paciencia: si no te falta temperatura y les das tiempo suficiente, las levaduras y bacterias colonizarán tu masa. En el 99 % de los casos en que una masa madre no sale, falta o tiempo o temperatura.

Para este primer método vamos a usar harina integral de centeno (tiene una capacidad de fermentación explosiva) y agua, eso es todo. Lo único que hará falta es (repítelo en tu cabeza mientras lees esto): tiempo y temperatura.

He comenzado cientos de masas madre en mi vida. La única vez que no me salió bien fue precisamente la primera vez que lo intenté, ya que no sabía lo que estaba haciendo. Como un explorador en *terra incognita*, estaba atravesando un territorio desconocido y no supe «leer» las señales que me mandaba la masa madre. Los olores y texturas que verás durante los primeros días pueden representar un desafío, pero persevera y lo conseguirás. Al principio puede oler a vinagre, a disolvente, a un queso extraño, nos vale todo lo que sean aromas agrios, ácidos y del mundo de la fermentación (piensa en los aromas que se dan al producir queso, yogur, cerveza, sidra o vino). Según pasen los días, el aroma se irá limpiando hasta quedar una masa madre lista.

Me gusta dividir el proceso en dos partes. La primera parte, por decirlo así, es la «natural», en la que solo tienes que poner las condiciones (harina, agua y temperatura) y la fermentación ocurre irremediablemente de manera espontánea al cabo de 1 o 2 días, igual que pasaría si dejaras leche a 25 °C durante un par de días; la fermentación es inevitable.

La segunda parte es la «humana», ya que necesita tu participación para tutelar el proceso, ir alimentando tu masa madre, observando cómo cada vez acelera su ritmo de crecimiento. Al principio la alimentarás una vez al día, luego cada 12 h. Finalmente, cuando veas que crece de manera sistemática y predecible, puedes hacer una prueba para ver si está lista para hacer pan. Para ello, «refresca» (alimentar a la masa madre se suele denominar «refrescar») un poco de masa madre con su misma cantidad de harina y agua, y si es capaz de doblar su volumen en unas 4 h o menos a unos 26 °C, está lista para hacer pan.

Proceso paso a paso

Suelo empezar el proceso de creación de masa madre por la noche, y repito los ciclos de alimentación cada día, anotando (y fotografiando) los progresos.

1. La primera noche (sería el día 0), mezcla en un bote unos 30 g de harina integral de centeno y 30 g de agua tibia (foto 1 y 2). Tapa el bote y deja que repose toda la noche en un lugar donde no haya frío (idealmente sobre los 24-26 ºC). Esta secuencia la repetirás durante varios días. Espera 24 h.

2. Al día siguiente (día 1) puede que no pase nada; en ese caso, revuelve la masa y espera otras 24 h. En mi caso, en solo 24 h el centeno hizo la típica explosión fermentativa, la masa ha crecido y se ha caído (3). El olor es complejo y no especialmente agradable, pero tampoco malo (no huele a podrido ni tiene moho); es un olor a fermentación, a heno, a algo vivo. Ojo, esto no es masa madre todavía, ya que ahí hay muchos microorganismos que no son panaderos. Cojo 30 g de la mezcla, añado 30 g de harina de centeno y 30 g de agua, descarto el resto.

3. Al día siguiente (día 2), la masa vuelve a estar totalmente fermentada (4). El aroma sigue siendo complejo, a aceitunas en salmuera, a fruta madura fermentando. Repito el proceso: cojo 30 g de la mezcla, añado 30 g de harina de centeno y 30 g de agua, descarto el resto.

4. Al día siguiente (día 3), la masa ha vuelto a hincharse (5), la cosa va cogiendo fuerza y el olor es más suave, sin las notas raras del comienzo. Repito el proceso: cojo 30 g de la mezcla, añado 30 g de harina de centeno y 30 g de agua, descarto el resto.

5. Al día siguiente (día 4), no espero a que pasen 24 h. Por la mañana, tras apenas 10 h desde que la alimenté, veo que la masa ha crecido mucho (6), así que repito el proceso de alimentación: cojo 30 g de la mezcla, añado 30 g de harina de centeno y 30 g de agua, descarto el resto. Como esperaba, la masa dobla su volumen en apenas 4 h a 26 ºC (7). Esto suele ser señal de que está lista para hacer pan. Para asegurarme, repito una vez más el proceso, pero ya con la idea de que sea un test para hacer pan. Hago una marca en el bote, por ejemplo, con una goma, para ver el desarrollo. Mezclo 70 g de la masa madre, 70 g de harina de centeno y 70 g de agua. Según lo esperado, vuelve a doblar su volumen en 3 h a unos 26 ºC (8). Uso 200 g de masa madre para hacer un pan y guardo unos 10 g de reserva en la nevera para la próxima vez.

Manteniendo una temperatura constante de 24-26 ºC, el proceso no tiene misterio. Ahora solo queda aprender a usar y conservar la masa madre, como veremos en las siguientes páginas.

Crear una masa madre sólida, método sin descartes

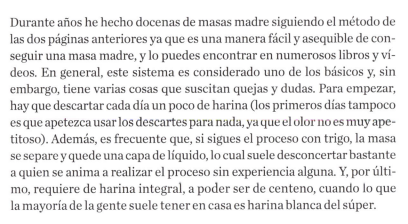

Durante años he hecho docenas de masas madre siguiendo el método de las dos páginas anteriores ya que es una manera fácil y asequible de conseguir una masa madre, y lo puedes encontrar en numerosos libros y vídeos. En general, este sistema es considerado uno de los básicos y, sin embargo, tiene varias cosas que suscitan quejas y dudas. Para empezar, hay que descartar cada día un poco de harina (los primeros días tampoco es que apetezca usar los descartes para nada, ya que el olor no es muy apetitoso). Además, es frecuente que, si sigues el proceso con trigo, la masa se separe y quede una capa de líquido, lo cual suele desconcertar bastante a quien se anima a realizar el proceso sin experiencia alguna. Y, por último, requiere de harina integral, a poder ser de centeno, cuando lo que la mayoría de la gente suele tener en casa es harina blanca del súper.

Con estos condicionantes, hace unos años me propuse desarrollar un método que no tuviera descartes, que se pudiera hacer con cualquier harina, incluso la blanca más barata del súper, en el que no hubiera que medir ni pesar nada y que fuera en sólido, para así solucionar algunas de las dudas más frecuentes de la gente.

Una vez comprobada la validez del nuevo método, lo he puesto a prueba retransmitiendo varias veces todo el proceso en directo, conectándome algunas noches seguidas a la misma hora y emitiendo los pasos y respondiendo a las dudas, por ejemplo durante el confinamiento de 2020. Fue maravilloso ver que a mucha gente le resultó muy fácil conseguir su masa madre así. Incluso hubo gente que, tras haber fracasado con otros métodos, pudo sentir el subidón de que la masa madre les funcionara por fin.

Para este método solo necesitas una cuchara de postre y la harina que tengas por casa, yo uso harina blanca del súper (la de todo uso). Como en el proceso de las páginas anteriores, suelo empezar el proceso de creación de masa madre por la noche y repetir los ciclos de alimentación cada día, anotando (y fotografiando) los progresos.

Proceso paso a paso

1. La primera noche (sería el día 0), mezcla una cucharadita de harina, unos 5 o 7 g, aunque el peso es totalmente irrelevante (1), con media cucharadita de agua, unos 3 o 4 g. No te fijes en los pesos, lo que nos interesa es que hagas una masa con la consistencia que nos permita hacer una pequeña pelotita (2). Métela en un bote, tápalo y deja que repose toda la noche en un lugar donde no haya frío (idealmente sobre los 24-26 °C). Espera 24 h.

2. Al día siguiente (día 1) puede que no pase nada. En mi caso la bola se ha ablandado, pero no había burbujas en la masa (3). Es totalmente normal que se ablande, incluso que se licúe o que se quede un poco seca por fuera (cierra bien el bote y no debería haber problema). Esta noche no añado nada, simplemente lo revuelvo dentro del bote con una cuchara y dejo la bola allí 24 h.

3. Al día siguiente (día 2), la masa se ha hinchado (4), huele a lácteo, como a queso fuerte. Perfecto. Añado una cucharadita no muy cargada de harina y media de agua, hasta poder hacer otra vez una pelotita de masa, y la dejo que repose otras 24 h.

4. Al día siguiente (día 3), la masa ha crecido otra vez (5 y 6), hoy parece que un poco más lento. Es normal, a veces al cabo de un par de días hay un pequeño parón, no pasa nada. El olor sigue siendo algo complejo, lácteo y extraño. Añadimos una cucharadita de harina y media de agua hasta tener una pelotita de masa y lo dejamos reposar 24 h.

5. Al día siguiente (día 4), no espero a la noche. Veo que por la mañana la masa ya ha crecido otra vez (7), el olor es algo más intenso, pero va limpiándose. Vuelvo a añadir una cucharadita de harina y media de agua. En unas 7 h la masa dobla de volumen (8), ya va cogiendo fuerza. Por la noche, repito la alimentación igual. Hoy ya la he alimentado dos veces.

6. Al día siguiente (día 5) amanece hinchada, el aroma es más limpio (9). Cojo toda la masa, la peso, unos 60 g. Le añado 60 g de harina y 30 g de agua, lo amaso bien y dejo que fermente a 24-26 ºC, como siempre. En unas 4 h es capaz de doblar el volumen (10). Ya está lista para hacer pan. Si quieres asegurarte, puedes volver a repetir el test de las 3-4 h (añadir 60 g de harina y 30 g de agua, amasar bien y esperar ese tiempo hasta que doble el volumen).

Aunque en 5 días hemos conseguido que la masa madre crezca de forma homogénea y predecible, en realidad las colonias de microorganismos tardan un poco más en estabilizarse, así que mi consejo es que hagas pan varias veces antes de refrigerarla. De hecho, probablemente te apetezca, después de los días esperando.

En las siguientes páginas veremos las distintas maneras de preparar la masa madre para hacer pan y también cómo conservarla en las mejores condiciones.

Utilización de la masa madre: ideas básicas

Haz que la masa madre se adapte a ti

«Refrescar» la masa madre es el término que recibe el gesto de alimentarla con harina y agua. Normalmente es el paso previo a hacer pan, y no es raro que se realicen varios refrescos consecutivos, especialmente si la masa madre ha estado en la nevera inactiva durante un tiempo. Cuanto más tiempo inactiva, más refrescos harán falta. Es un poco como cambiar el agua al bacalao; una masa madre que lleva semanas o meses en la nevera será como un bacalao muy salado, al que tienes que cambiar el agua varias veces antes de cocinarlo.

Los refrescos se hacen añadiendo harina y agua a la masa madre, pero ¿cuánta harina y cuánta agua? Aquí está lo maravilloso; como verás en las siguientes páginas, puedes cambiar las proporciones a tu antojo para que se adapten a tus necesidades. Hay una idea general que hemos visto en el apartado de creación de la masa madre: el tiempo y la temperatura son la clave, y son inversamente proporcionales. Cuanta más temperatura, la masa madre tardará menos tiempo en estar lista, y viceversa (de forma natural, en verano irá más rápido que en invierno y a la inversa). Y con la cantidad de harina pasa algo similar. Si alimentas tu masa madre con mucha harina, tardará más tiempo en estar lista que si la alimentas con poca.

Nunca he visto una masa madre, ¿cómo voy a ser capaz de saber lo que hago?

Nuestros sentidos son la manera más sencilla de comprobar si la masa madre está trabajando de forma correcta. Huele la masa madre (es una indicación extremadamente útil). Puedes tocar la masa madre para ver cómo su textura cambia según va fermentando; primero es una pasta sin vida, luego parece coger cuerpo al hincharse y finalmente se degrada cuando se pasa de fermentación. Coge una pizca de masa madre con la punta de un dedo y pruébala, familiarízate con su sabor según va madurando. Observa el ritmo al que crece y relaciónalo con la temperatura y la cantidad de harina que le has puesto.

Si no has visto o usado nunca una masa madre, date tiempo para comprender cómo funciona, para hacerte con sus sutilezas y matices. Es importante que anotes los parámetros del refresco: temperatura de la masa madre, temperatura de tu cocina, cantidad de masa madre, de harina y de agua, y tiempo. De esta manera, en unos pocos refrescos te habrás familiarizado con su manera de trabajar; con el tiempo la conocerás de la forma en que reconoces a un familiar en mitad de una multitud, aunque esté lejos

¿Cómo saber que la masa madre está lista?

Cuando refrescas una masa madre, escoges una cantidad de harina y agua con la que vas a alimentarla, que está relacionada con el tiempo que quieres que tarde en fermentar. Independientemente de si es mucho o poco tiempo (un refresco corto o largo), la masa madre hará lo mismo. En los primeros momentos no pasará nada (1), tardará en arrancar, pero luego el desarrollo será más rápido. Es decir, si va a tardar cuatro horas en fermentar, en las dos primeras pasa menos que en las dos segundas. Independientemente de si has preparado la masa madre en forma líquida (como una pasta con la misma cantidad de agua que de harina) o sólida (con mucha más harina que agua) la masa madre empezará a ganar aromas, crecerá, si todo va bien doblará al menos su volumen y habrá un momento en el que llegará a su punto máximo (2) y después irá perdiendo volumen (3), y empezará a estar cada vez más pasada. Puedes visualizarlo como si fuera un gráfico en forma de *U* invertida. Lo que queremos es usarla cuando esté en su punto de más actividad, con fuerza pero con una acidez suave, no demasiado pasada, ya que esto se trasladará al pan.

Es fácil ver cómo la masa madre crece si le haces una marquita al bote donde la tienes o usas una goma o cinta como referencia (algunos botes tienen una escala, lo cual es muy útil) (1, 2 y 3). Ese desarrollo se nota también en el sabor y en el olor; no dejes de oler y probar tu masa madre, te dará mucha información.

Si la masa madre se te pasa mucho de fermentación, será más ácida de lo que suele gustar, y puede que tu pan lo acuse. Mi consejo es que la uses antes. Como alternativa para usar una masa madre un poco pasada, puedes acortar el tiempo de la primera fermentación del pan, para que no se note tanto esa acidez. No obstante, si tu masa madre está muy pasada, mi consejo es que la vuelvas a refrescar para que esté otra vez en forma y su acidez se modere. En el extremo opuesto está una masa madre demasiado joven. Si no le has dado tiempo a la masa madre a fermentar, no tendrá la suficiente capacidad de levar, y el pan quedará denso y con una miga pesada.

Utilización de la masa madre: casos prácticos

Casos prácticos

Si tienes una cantidad de masa madre, por ejemplo 10 g, y le añades su misma cantidad de harina, también 10 g, y 10 g de agua (podrías usar menos o más agua, como veremos después) y la mantienes a unos 24-26 °C, en principio estaría lista para usar en unas 3-4 h, tal vez un poco más, tal vez un poco menos, pero ese sería aproximadamente el tiempo que tendrías que prever.

Por el contrario, si a esos mismos 10 g de masa madre le sumases 200 g de harina y 200 g de agua y lo tuvieras a 24-26 °C, es posible que tardase unas 10-12 h en estar lista, toda una noche. Como ves, puedes jugar con las proporciones y las temperaturas para hacer que tu masa madre se adapte a tus horarios.

Cambiar la temperatura tiene un impacto enorme en la velocidad de la masa madre (1). En este mismo ejemplo anterior, si quiero hacer un refresco nocturno largo, pero mi cocina está en invierno a 18 °C, a esos 10 g no le pondré más de 30 o 40 g de harina, mientras que en verano a 26 °C le pondré al menos 200 g y en una noche tórrida por encima de 28 o 30 °C puede incluso que pase de 500 g. Ajusta las cantidades proporcionalmente para obtener la masa madre que necesites. Si te fijas, empleando un mismo tiempo, al alterar la temperatura cambio la proporción de harina respecto a madre; de una proporción de 1 a 4 con frío, a 1 a 20 con calor y más de 1 a 50 con mucho calor. Que es lo mismo que decir que, si uso las mismas cantidades, pero cambio la temperatura, cambiará la velocidad.

Piensa cuándo y cómo haces pan. Por ejemplo, yo suelo dejar la masa madre fermentando por la noche a temperatura ambiente, o forzando un poco el calor, pero sin obsesionarme, en una fermentación larga mientras duermo. Al día siguiente, nada más despertarme, le doy un refresco corto, en el que me preocupo de mantener una temperatura más alta (lo cual en un periodo de tiempo corto es fácil). Suelo hacer algo así:

ESQUEMA DE DOS REFRESCOS, CON UNO NOCTURNO LARGO Y UNO CORTO POR LA MAÑANA

1.er refresco. 5-10 g de masa madre, 20 g de harina, 20 g de agua a 35 °C. Toda la noche, unas 10-12 h, a temperatura ambiente, sin que pase frío, al menos 18-20 °C.

2.º refresco. Los 45 g que llevo del 1.er refresco, con 45 g de harina y 45 g de agua a 30-35 °C. Unas 3-4 h a 26 °C, incluso un poco más de calor. Así

1. Masa madre refrescada exactamente igual: 30 g de madre, 30 g de harina y 30 g de agua, fermentada unas 4 h. La de la izquierda ha fermentado a 19-20 °C, la de la derecha a 26 °C.

obtengo 135 g de masa madre, uso 120 g y guardo 15 g en la nevera de reserva.

Si hago el segundo refresco a primera hora, entre las 10 y las 11 de la mañana estoy listo para hacer el pan.

Si mi masa madre ha estado muchas semanas en la nevera y sé que va a estar perezosa, al esquema anterior le sumo un refresco previo.

ESQUEMA DE TRES REFRESCOS, CON UNO NOCTURNO LARGO Y UNO CORTO POR LA MAÑANA

1.er refresco, a media tarde: 3 g de masa madre, 3 g de harina, 3 g de agua. Unas 4-5 h a 26 ºC.
2.º refresco, por la noche. Los 9 g del 1.er refresco, 36 g de harina y 36 g de agua. Unas 10 -12 h a temperatura ambiente, mínimo unos 18-20 ºC.
3.er refresco. Los 81 g del 2.º refresco, 81 g de harina y 81 g de agua. Unas 3-4 h a 26 ºC.

Si haces pan todas las semanas, o incluso varias veces por semana, puede que solo necesites un refresco para que tu masa madre esté lista (aunque suelo recomendar siempre 2 como mínimo). En ese caso, con hacer solo el refresco nocturno podrías tener la masa madre lista para hacer pan el día siguiente.

Uso de la nevera para tener lista la masa madre

La nevera es una gran aliada, tanto para hacer pan (hay todo un capítulo dedicado a ella), como para preparar tu masa madre. En ambos casos, el frío de la nevera consigue ralentizar la fermentación hasta llegar prácticamente a detenerla, lo que te libera de la esclavitud del reloj.

Una manera sencilla de hacerlo es preparar un refresco con el doble de harina por masa madre, por ejemplo 50 g de masa madre, 100 g de harina y 100 g de agua a 32-35 ºC. Con el agua tibia, la masa madre se pondrá fácilmente a 26-28 ºC y empezará a fermentar. Ese refresco podría estar listo para usar tal vez en 5 h, pero lo que vas a hacer pasadas solo 3 h es meterlo en la nevera en un bote hermético. Para cuando el frío le llegue, la masa madre habrá alcanzado casi su punto óptimo, pero estará suave y nada ácida, y te puede esperar un día en la nevera. Al día siguiente, cuando mejor te venga, la sacas de la nevera y la usas directamente para hacer tu pan. Eso sí, piensa que estás introduciendo la masa madre fría en la masa, por lo que tendrás que contrarrestar ese aporte frío añadiendo el agua más caliente de lo normal.

Estas son las ideas básicas con unos tiempos orientativos, pero no es una ley absoluta. Observa cómo va tu masa madre con tus harinas en tu cocina. Lleva un pequeño registro anotando las variables y en poco tiempo verás que es fácil predecir el comportamiento de la masa madre.

Conservación de la masa madre entre hornadas

Una vez que tienes una masa madre, ya sea porque te la han pasado o porque la has obtenido siguiendo alguno de los métodos de las páginas anteriores, cuando no la estás usando lo habitual es que la guardes en la nevera. Si no lo hicieras así, tendrías que seguir alimentándola para que no se muriese de hambre. Una masa madre que está a temperatura ambiente todo el rato y a la que no se alimenta durante varios días, termina por agriarse mucho, debilitarse y, si sigues sin hacer nada, finalmente sucumbirá a los oportunistas como el moho. Por eso, o haces pan todos los días y la alimentas todos los días, como en las panaderías, o bien la guardas en la nevera, que es cómodo y seguro (piensa que durante milenios se ha conservado la masa madre sin nevera, lo que ha dado lugar a técnicas distintas tradicionales de conservación en cada lugar).

¿Cuánta masa madre guardar?

Como estamos viendo, los microorganismos de la masa madre tienen una capacidad de multiplicación increíble. Refrescamos la masa madre para que las levaduras y bacterias que la componen se pongan en forma y cobren fuerza para fermentar pan, y también para obtener la cantidad que necesitamos para hacer pan partiendo de la reserva que guardamos en la nevera. Como acabamos de ver en las páginas anteriores, dependiendo del pan, de la temperatura y de tus horarios, es fácil que acabes multiplicando la cantidad de masa madre por 5, 10 o 100 antes de hacer pan.

En el pan de diario que hago en casa (el hogazón de la página 79) empiezas con apenas 10 g de masa madre y al día siguiente, cuando te pones a hacer el pan, ya tienes 360 g. Es decir, para este pan, que es de lo más normal, multiplicas la masa madre más de 30 veces. Por ejemplo, en el sistema alemán de 3 fermentaciones, la proporción entre la masa madre inicial y la cantidad de masa madre que consigues tras los refrescos es prácticamente de 1 a 100. Por ese motivo en casa guardo apenas 10 o 15 g de masa madre en un minúsculo botecito de mermelada de esos que hay en los bufets de desayuno (1). Eso es todo lo que necesito, ya que, si no, acabaría tirando masa madre.

Un caso en el que sí me guardaría más cantidad es si, por ejemplo, en Navidad me da por regalar pan a los vecinos y me pongo a hacer pan todos los días. Entonces tendría que guardar más, ya que probablemente mi masa madre solo necesitase un refresco para estar lista, y por tanto no multiplicaría su cantidad tantas veces. La idea es clara, en un proceso bien planificado no tiene por qué haber sobras ni descartes. Piensa

1. La cantidad de masa madre que guardo en la nevera entre hornadas.

cuánta masa madre necesitas para tu pan y qué tipo de refresco vas a hacer (si corto o largo), para cuadrar las cifras y que no sobre nada. Es muy importante recordar que necesitas 10 g más de lo que pide la receta, para guardar esa pequeña cantidad para la próxima vez que hagas pan. Si no lo haces, te quedarás sin masa madre.

¿Cuánto tiempo puede aguantar una masa madre en la nevera?

No hay una respuesta unívoca, ya que dependerá de cómo la hayas conservado, de cómo estuviera, etc. En la nevera la masa madre entra en un letargo, pero no se muere. La puedes despertar dándole harina, agua y calor. En general, si haces pan cada semana o dos semanas, tu masa madre será muy fácil de despertar. Como verás en varios sistemas de alimentar la masa madre y en varias recetas, puedes sacar la masa madre de la nevera la víspera, un poco como cuando quieres hacer legumbres: te tienes que acordar de hacer un paso importante el día anterior. No es difícil, pero necesita una mínima planificación.

He tenido masas madre durante muchos meses en la nevera, y creo que siempre las he podido recuperar, aunque cuanto más tiempo pase, más costará, y es posible que cuando la devuelvas a la vida, haya modificado un poco su comportamiento, ya que es probable que con estas idas y venidas hayan cambiado las colonias de microorganismos que habitan en ella. Si sabes que vas a estar más de dos meses sin hacer pan, tal vez puedas congelar un trozo de masa.

¿Conservar una o varias masas madre?

Si le coges el gusto a hacer pan de masa madre, es normal que quieras probar a hacer muchos panes distintos, para los cuales necesitas distintas masas madre: líquida, sólida, integral, de centeno, etc. En las panaderías, donde hacen distintos panes todos los días, es habitual que tengan varias masas madre en uso, una para cada tipo de pan. En casa esto puede ser algo lioso. Durante los años que llevo haciendo pan, ha habido épocas de mucha actividad en las que conservaba varias masas madres, especialmente una de centeno y una de trigo. No obstante, finalmente decidí conservar solo una, que voy adaptando a mis necesidades, convirtiéndola a uno u otro estilo de pan según las indicaciones de las próximas páginas.

Conservación a medio y largo plazo

Si sabes que no vas a hacer pan en una temporada, digamos más de tres o cuatro semanas, es buena idea que prepares tu masa madre para aguantar lo mejor posible todo ese tiempo. Es casi mágico tener un ser vivo hibernando en la nevera durante semanas o meses y que después, con un poco de cariño, podamos utilizarlo otra vez con buenos resultados.

Las distintas harinas tienen una distinta capacidad fermentativa. Por decirlo así, unas son más activas que otras. Las harinas recién molidas suelen ser más vigorosas en la fermentación que las viejas, y la harina integral suele fermentar con más rapidez y vigor que la harina blanca. Esta idea de la distinta potencia fermentativa de las harinas vale tanto para la «aceleración» de la fermentación como para la «frenada». Una masa madre integral de centeno suele arrancar con fuerza, pero se degradará antes tras unas semanas en la nevera. Por eso, para guardarla mucho tiempo, una buena idea es elaborarla con harina blanca (mejor aún de fuerza) y con una textura firme, usando el doble de harina que de agua.

¿En qué momento conservar la masa madre?

Dado que la masa madre va a estar mucho tiempo sin usarse, es interesante que tenga una buena acidez que la proteja. Los ácidos producidos por las bacterias actúan como defensa ante otros microorganismos oportunistas. Incluso tras varias semanas, a la masa madre no le sale moho. Por este motivo, asegúrate de que tu masa madre ha fermentado antes de guardarla, no la refresques y la metas en la nevera recién refrescada. Otro consejo interesante es que uses un bote lo más pequeño posible, para que no esté lleno de aire; el CO_2 que produce la masa madre es un buen conservador, el aire no.

¿La masa madre no se pone mala con el tiempo en la nevera?

Es totalmente normal que la masa madre empiece a cambiar y deteriorarse lentamente. Según pasa el tiempo verás que cambia su color y textura. Si tu masa madre es líquida, es fácil que se separe el líquido de la harina. Este líquido suele ser una fuente de preocupación, ya que flota sobre la masa madre y tiende a oscurecerse y adquirir un olor a disolvente (1). Es normal, no hay que preocuparse. Cuando quieras usarla, tira el líquido y usa la pasta que hay debajo.

¿Cómo se revive la masa madre?

Simplemente con una serie de refrescos, tal como se explica en las páginas anteriores. Si tu masa ha estado varios meses inactiva, dale al menos 3 o 4 refrescos, empezando con una cantidad minúscula (5 o 10 g) e intenta empezar con refrescos que tengan la misma cantidad de masa madre que de harina.

Congelar y secar masa madre

Una manera muy sencilla de conservar la masa madre es congelarla en su botecito, tal cual está. Para revivirla, sigue los pasos indicados arriba. También la puedes secar, así además te la puedes llevar de viaje cómodamente o mandarla por carta. Extiende varias cucharadas de masa madre muy madura sobre una hoja de papel de hornear creando una capa fina (2). Déjala que se seque a temperatura ambiente y, cuando esté bien seca, rómpela y métela en un bote o sobre para guardarla (3). Para revivir una masa madre seca, simplemente pesa la cantidad que tienes, añádele el mismo peso de agua a 30-35 ºC y deja que fermente a unos 24 ºC el tiempo que haga falta. A veces tarda medio día en despertar, a veces un día y medio. Paciencia, al final despertará. Para ayudar, puedes usar harina integral.

El mito de la masa madre eterna

Uno de los mitos que me suelo encontrar es el de la masa madre centenaria. Hay gente que al escuchar que una masa madre tiene cien años piensa en un bote mágico en el que existe una sustancia alquímica llamada «masa madre», que nunca se pudre y de la que se va extrayendo el preciado elixir de la fermentación. Pero no es así exactamente. Lo que sucede es que durante cien años no han dejado de alimentar un cultivo. Es como si te compras un yogur, lo disuelves en leche y lo pones a 40 ºC hasta que fermente y todo sea yogur. Al día siguiente te comes todo el yogur menos un poco con el que vuelves a fermentar leche, y así cada día durante cien años. ¿Qué queda del yogur inicial? Un matemático tal vez calculase la parte infinitesimal de la leche original que hay, pero lo que sabemos es que la colonia de microorganismos que hace yogur ha ido alimentándose y reproduciéndose durante décadas en el nuevo sustrato que le hemos proporcionado. Con la masa madre es igual. Cuando alguien te dice que tiene una masa madre de diez o cien años, no significa que tenga nada del fermento original más que los hijos de las levaduras y bacterias. Por cierto, que una masa madre sea más vieja no significa que sea mejor ni peor. Lo importante es cómo la mantienes en el día a día, no el pedigrí (más allá del apartado sentimental, claro).

Convertir una masa madre de blanca a integral o de sólida a líquida

Si te fijas en los dos métodos para crear masa madre de este capítulo, verás que una es una masa madre de trigo sólida y la otra es de centeno integral líquida (con tanta agua como harina, aunque, por la capacidad de absorción del centeno, no fluye). En realidad, da igual qué masa madre conserves, ya que puedes convertir y revertir cualquier masa madre de sólida a líquida (y al revés) o de blanca a integral (y al revés), y puedes alimentar la masa madre con la harina del cereal que quieras, para así tener una masa madre de ese cereal. Si tienen alimento, temperatura y agua, las levaduras y bacterias estarán felices.

Para pasar una masa madre de blanca a integral o cambiar su hidratación, simplemente hay que refrescarla de la forma que deseas para la masa madre final. Obviamente, si tienes una masa madre integral de centeno y quieres hacer brioche, tras un primer refresco corto con harina blanca la masa madre aún contendrá bastante centeno integral, así que una buena idea es hacer refrescos largos, con muy poca inoculación inicial de masa madre. Si en vez de hacer un refresco de 30 g de masa madre integral y 30 g de harina blanca haces uno de 3 g de masa madre integral y 50 g de harina blanca, en un solo refresco casi habrás cambiado la naturaleza de la masa, y con otro refresco corto casi ni se sabrá de qué era esa masa madre el día anterior.

Puedes hacer las adaptaciones que quieras. Lo único importante, sobre todo cuando cambies la masa madre de hidratación, es que anotes las cantidades de harina y agua, ya que son relevantes para la hidratación final del pan. Si estoy usando 200 g de masa madre líquida, sé que tengo 100 g de harina y 100 g de agua, mientras que si esos 200 g son de masa madre sólida, sé que habrá entre 130 y 140 g de harina y apenas 60-70 g de agua, lo cual es una diferencia relevante, tanto para la textura de la masa como para la corrección en la cantidad de sal de la masa final. Ten en cuenta que los panes de centeno suelen usar una gran cantidad de masa madre, por lo que es esencial que contabilices bien lo que contiene.

¿Masa madre sólida o líquida?

Si consultas manuales profesionales, leerás que hay diferencias entre usar un fermento sólido y uno líquido. En teoría, un fermento líquido tiende a dar una acidez más láctica y suave, mientras que uno sólido tiende a aportar una acidez levemente más acética. No obstante, si haces la prueba en casa verás que la diferencia es a menudo imperceptible, y que es muchísimo más relevante que te concentres en el control de la temperatura y el tiempo. Puedes hacer un pan delicioso con un sabor suave con cualquiera de las dos masas madre, y puedes hacer un pan ácido como el vinagre usando masa madre líquida. De hecho, a partir de mi experiencia, no es difícil que se te acidifique mucho una masa madre líquida si no la mantienes con cuidado, mientras que la masa madre sólida a veces me parece que da más tolerancia en panificación casera, pero es una impresión subjetiva.

En muchos casos, en el ámbito casero el empleo de un tipo de masa madre viene más dictado por la tradición y la costumbre que por un beneficio evidente de uno u otro método. Si preguntas a abuelas españolas que han hecho pan en el pueblo y han usado masa madre, descubrirás varias cosas. Para empezar, que «masa madre» es un neologismo, ya que tradicionalmente se han usado, según las zonas, mil nombres distintos, pero no «masa madre». La lista es enorme e incluye variaciones de términos hermosos como hurmiento, *levedo*, *formiento*, *yelda*, *dielda*, liuda, reciente, ensanchadera, creciente, reciento, etc. Otra cosa curiosa es que, prácticamente sin excepción, todas usaban masa madre sólida, a menudo simplemente un trozo de masa de pan de la última hornada que conservaban hasta la siguiente, cuando la refrescaban en sólido.

En casa yo uso indistintamente masa madre líquida y sólida, dependiendo del pan y también de la temporada. Por ejemplo, con harinas flojas o en verano, usar una masa madre sólida puede darte más control, ya que hay menos degradación en la masa. No es casualidad que el sur de Europa sea casi unánimemente una zona de masa madre sólida. En la panadería casera actual, el uso de la masa madre líquida parece la norma, pero en mi opinión no es más que el resultado de la repetición de unos gestos dados y la falta de una experiencia o contexto para contrastarlos.

Cada masa madre tiene sus virtudes; preparando masa madre líquida no te manchas, ya que la revuelves con una cuchara y las proporciones y cantidades de ingredientes son muy fáciles de calcular, ya que siempre es igual de agua que de harina. La masa madre sólida es fácil de calentar con las manos y, una vez mezclada, mancha menos. Además, aguanta mejor la conservación en nevera.

¿A cuánta levadura equivale la masa madre?

Si me hubieran dado 1 euro cada vez que me han hecho esta pregunta, sería rico. A los humanos nos gusta tener todo bien ordenado en categorías que controlamos, para acudir a ellas en los momentos en que nos sentimos confundidos o perdidos. Ponemos nombres y cifras a las cosas y las relacionamos entre sí. La levadura seca se suele relacionar con la levadura fresca en una proporción aproximada de uno a tres. Entonces ¿a cuántas partes de masa madre equivale una parte de levadura? Parece una pregunta obvia, pero la respuesta no lo es tanto.

Fermentación endógena y exógena

Cuando hacemos pan con levadura, añadimos un agente fermentativo externo, y normalmente la clave del éxito es usar muy poca, para conseguir así un pan sabroso, aromático, con una gran corteza y conservación (muchos panes que carecen de estas características tienen simplemente mucha levadura). Es decir, el rango de variación de la cantidad de levadura que usas para fermentar el pan no es muy grande. Normalmente, si multiplicas la cantidad de levadura por 2, por 3 o por 10, el pan sufre y en algunos casos el resultado es desastroso. Sin embargo, cuando usas masa madre (o un fermento) esto cambia, ya que la masa madre ya está fermentada. Podríamos decir que de alguna manera «ya es pan», por ese motivo no tiene un límite tan claro en su utilización, sino que es más una cuestión del estilo del pan y del gusto que quieras darle (y ahí el punto de vista cultural es esencial; entender que nada es bueno o malo: en unos sitios gusta mucho el picante y en otros no).

En nuestra cultura es habitual usar cerca de un 10-40 % de masa madre sobre el peso de harina, pero puedes usar cantidades muchísimo mayores o menores. En este libro hay recetas que emplean el 300 % de masa madre sobre el peso de la harina, mientras que otras usan tan solo el 1 % o el 0,2 %. En el libro se muestran tanto recetas tradicionales (por ejemplo, en la panificación tradicional del centeno es habitual usar grandes cantidades de masa madre), como nuevas tendencias, y todas son válidas. Y, entonces, ¿cómo se pueden «traducir» esos panes a levadura? No se puede. Tal como veíamos arriba, la pregunta que da título a esta sección no tiene una respuesta directa.

Suelo poner el ejemplo de hacer caldo con una pastilla comprada en el supermercado o bien hacer caldo… con más caldo. Si quieres usar 1 litro de agua para hacer caldo con pastillas, habrá un número máximo de pastillas que puedas usar antes de que aquello sea incomestible. Sin embargo, si tienes 1 litro de agua junto a una gran olla con caldo, ¿cuánto caldo le puedes echar a tu litro de agua? Si le echas 1 litro de caldo, estará bien, si le echas 2 litros de caldo a tu litro de agua, también estará bien, y si le echas 10 litros de caldo, también estará bien. No hay límite en la cantidad de caldo que puedas usar, ¡ya que el caldo ya es caldo!

Entonces ¿podrías calcular la cantidad de levadura y masa madre que fermentan un pan determinado en el mismo tiempo? Sí, podrías hacer esa prueba, pero habría varios problemas. Para empezar, la masa madre no es tan lineal y unívoca como la levadura. Si haces tu masa madre de harina integral fermentará el pan de manera distinta que si la haces con harina blanca, y si la haces de centeno... ¡también fermentará el pan de forma distinta! Por no hablar de las variedades entre diferentes masas madres. Pero lo más importante, siendo lo anterior importante, es que, aunque consiguieras cuadrar los tiempos, sencillamente serían panes totalmente distintos, ya que la levadura y la masa madre suelen dar características distintas al pan. El sabor, el aroma, la textura, la corteza, la miga y la conservación serían diferentes.

A cada pan, su forma de fermentar

En el fondo es muy sencillo; hacer pan con masa madre y hacer pan con levadura consiguen resultados diferentes, por lo que no puedes limitarte a sustituir una por la otra en una receta. Además, sencillamente existen recetas que se han inventado en la época de la levadura, como la baguete o la chapata. La corteza ligera y abarquillada de una baguete, su sabor delicado y lácteo son hijos de la levadura, como lo es la miga y el aroma de una chapata. ¿Puedes hacerlas con masa madre? Sin duda, muchos panaderos las hacen, pero simplemente son un producto distinto.

Por último, hay elaboraciones en las que el uso de la masa madre no es un capricho, sino una necesidad tecnológica. No es casualidad que las culturas del pan de centeno empleen de manera sistemática la masa madre de cultivo para fermentar, ya que no la usan por gusto, sino porque (por cuestiones meramente técnicas) la acidez de la masa madre desempeña un papel crucial en la consecución de un pan esponjoso y agradable.

Dr. Pan: creación de la masa madre

La masa madre no arranca

La creación de una masa madre depende casi por completo de la temperatura. Aunque a unos 20 °C en casa estés a gusto, tal vez para los microorganismos de la masa madre no es la temperatura ideal. Podrán conseguirlo, pero lo harán mucho mejor si estás cerca de los 24-26 °C. Tu masa crecerá a la primera, de manera más consistente y predecible. En el capítulo de «Introducción general sobre pan», hay toda una serie de trucos y consejos para crear calor en tu cocina con las cosas que tienes por casa, no dejes de consultarlo. Acuérdate de usar agua a unos 30-35 °C, eso ya hará que tu madre parta con ventaja.

No sé si mi harina sirve para hacer masa madre

Puedes hacer masa madre literalmente con cualquier harina. Da igual si es blanca o integral, con gluten o sin él, da igual el cereal del que esté hecha la harina. De hecho, ni siquiera tiene por qué ser de cereal, hay pseudocereales muy usados en panadería, como el alforfón (también llamado trigo sarraceno). He hecho cientos de masas madre con todo tipo de harinas, y sí que es cierto que la masa madre suele arrancar con más facilidad si tu harina es integral, el centeno da muy buen resultado. No obstante, como puedes ver en los dos métodos de creación de masa madre propuestos, en realidad da igual.

¿Puedo hacer masa madre con harina sin gluten?

¡Claro! En la pregunta anterior hemos visto que da igual el tipo de harina que uses, a las levaduras y bacterias les da igual el gluten. Una cosa en la que sí te tienes que fijar si usas preparados sin gluten es en la composición. Hay algún preparado que no es más que almidón, y esto no es ideal, ya que es un sustrato muy pobre para fermentar. Busca harinas, no almidones, da igual si son de arroz, de alforfón, etc.

La masa madre empieza con mucha fuerza pero se para al cabo de dos o tres días. Iba bien; ahora está como muerta

Es totalmente normal. Cuando expones un poco de harina y agua al calor, acuden a fermentarla todo tipo de microorganismos, no solo los que hacen pan, así que tiene que haber un periodo de selección, tras el que se quedan las bacterias y levaduras panaderas. ¿Cómo te aseguras de que ese proceso sea un éxito? Con paciencia. Intenta no olvidarte del tema de la temperatura y, sobre todo, fíjate en las señales. Si tu masa no tiene moho, todo va bien, eso significa que hay acidificación por la actividad de las bacterias. Huélela, tendrá un ligero toque ácido, eso es perfecto. De hecho, si tu masa madre huele muy ácido, incluso a vinagre o disolvente, no es malo; es señal de que está aburridísima y esperando a que la alimentes y le des calor.

A mi masa madre le ha salido moho

No es habitual, pero puede pasar si la masa madre no consigue acidificarse por la actividad de las bacterias. Si has seguido una rutina de alimentación diaria con agua y harina, en principio la masa madre tendría que ser capaz de evitar el moho. Este puede salir en masas que no se acidifican y no se tocan durante mucho tiempo. Tira esa masa madre y empieza de nuevo. Un truco para evitar esto es acordarte de revolver tu masa madre un par de veces al día (sin obsesionarte, cuando te acuerdes), así la airearás y propiciarás el desarrollo de los microorganismos.

La masa madre se ha separado, tiene una capa líquida encima

Esto es totalmente normal cuando intentas crear una masa madre líquida con harina de trigo, ya que la harina y el agua tienden a separarse. No tienes más que revolver para que se vuelvan a mezclar, no es malo ni tiene un efecto negativo. Tal vez lo que puedes hacer para que no te pase es añadir un poco menos de agua a la mezcla (si te preocupa mucho, usa el doble de harina que de agua y haz la masa madre en forma de pelotita de masa).

La masa madre huele a vinagre, disolvente o vómito

Durante los primeros días del proceso de creación de la masa madre, nuestro cultivo de harina y agua está poblado por todo tipo de microorganismos, y muchos de ellos no tienen ninguna intención de hacer pan. Por eso es normal que la masa madre adquiera unos olores de todo tipo: a queso extraño, a cervecera, a suelo de sidrería, a lácteo fermentado, a vinagre, a hierba extraña. Es muy difícil de expresar con palabras, pero todo lo que no sea un inequívoco olor a putrefacción o alcantarilla suele estar bien. Hay varios olores que son muy típicos y son buena señal. El olor a vinagre o a disolvente (acetona) suele indicar que la masa madre está muerta de hambre y necesita que la alimentes y le des calor urgentemente.

Hay otro olor que denota una masa madre exhausta, un sutil olor a vómito. Es el ácido butírico y se suele dar en masas muy cansadas de fermentar y que no se han movido para nada en mucho tiempo. Con una serie de refrescos se suele poder recuperar, pero si te preocupa, tírala y empieza otra vez.

Dr. Pan: utilización y conservación de la masa madre

He refrescado la masa madre y no sube

Si tu masa madre está sana, debería responder a los tres parámetros de un refresco: cantidad de harina por masa madre, tiempo y temperatura. Tal vez tengas una expectativa equivocada sobre uno de ellos o no hayas controlado alguno (el más habitual es la temperatura, sobre todo en clima frío). Una masa madre refrescada con su misma cantidad de harina y mantenida a unos 26 °C tendría que poder doblar su volumen en no mucho más de 4 h. Comprueba la temperatura de la masa. Si tu refresco ha sido con más harina, habrá que aumentar el tiempo. Si estás usando harina de fuerza, es normal que tarde un poco más que con otras harinas.

La masa madre ha subido, pero ha bajado después

Cuando puedes ver, por los restos de masa madre en las paredes del bote, que la masa madre ha bajado, suele ser un signo de que ha llegado a su pico de actividad hace ya rato, y que después el gas se ha escapado de la masa. Además, es probable que la masa madre esté ácida. Anota tiempo y temperatura e intenta recortar el tiempo en el próximo refresco. Si la masa madre está muy ácida, es mejor que des otro refresco antes de usarla.

La masa madre sabe muy ácido

Esto puede ser por varios motivos, el más normal es sobrefermentación. Si es así, suele ser fácil de ver, ya que la masa madre habrá subido y bajado. A veces también puedes ver que la masa madre está llegando a su pico de actividad porque empiezan a salir burbujas finas (si es líquida) que te lo anuncian.

La masa madre ha perdido el sabor, fermenta, pero no sabe apenas

He visto este caso en alguna ocasión rara en que la colonia de microorganismos de la masa madre parece haber cambiado (a veces tras congelación o secado). Prueba a refrescarla con harina integral durante varios ciclos y deja que madure bien.

La masa madre huele a vinagre

Una masa madre con olor avinagrado suele estar pidiendo refrescos. Aliméntala lo antes posible e intenta mantenerla cerca de los 26 °C.

Estoy refrescando la masa madre porque tenía previsto hacer pan, pero me ha surgido un imprevisto y no puedo hacerlo ahora

Si tu masa madre ha comenzado a fermentar y ha ganado volumen, métela en la nevera y úsala en las próximas 12-24 h (cuanto antes mejor). Si al sacarla al día siguiente ves que ha ganado volumen, la puedes usar directamente de la nevera, pero acuérdate de compensar la temperatura fría de la masa madre usando agua más caliente en la masa final.

En la nevera, a la masa madre le ha salido una capa de líquido oscuro encima

Es normal que la masa madre se separe y le salga un líquido oscuro, además de desarrollar un olor muy fuerte, a veces de vinagre o disolvente. Simplemente refresca la masa madre varias veces (al menos 3) para que vuelva a estar activa, viva y con fuerza. Puedes ir probando la masa madre en cada refresco para ver la evolución.

A la masa madre le ha salido moho

A pesar de que la masa madre suele tener un nivel de acidez suficiente para evitar el moho, a veces una masa madre almacenada durante un tiempo en la nevera puede deteriorarse y sucumbir. Probablemente podrías quitar la parte con moho, refrescarla varias veces y que, al recobrar su acidez, la masa madre estuviera otra vez en forma, pero un consejo más prudente es tirarla y empezar otra. Para prevenir esto, intenta conservar la masa madre en sólido (doble de agua que de harina) y con harina blanca de trigo.

Me ha sobrado masa madre tras los refrescos y no sé qué hacer con ella

Tanto el capítulo de creación y uso de la masa madre como las recetas de este libro intentan que uses la masa madre de una manera planificada, sabiendo en todo momento cuánta madre necesitas y cuánta vas a hacer. Si, por lo que fuera, te sobra masa madre, puedes aprovecharla en alguna de las recetas del capítulo de fermentación mixta, o en las recetas de tortitas o buñuelos (pp. 89 y 151), simplemente añadiéndola a los ingredientes. Si no quieres usarla para nada, puedes secarla para incorporarla como aromático a un pan de levadura (p. 100) o bien como «copia de seguridad».

He formado el pan y me he dado cuenta de que no he guardado masa madre

No pasa nada, puedes coger un poco de la masa de pan (mejor cuando haya fermentado) y guardarla como masa madre. Con que cojas una pelotita de 10 g tienes de sobra. El hecho de que tenga otros ingredientes no es relevante, ya que la próxima vez que la refresques con harina y agua volverá a ser la masa madre de costumbre.

La masa madre: creación, uso y conservación

INTRODUCCIÓN GENERAL SOBRE PAN

1. **Amasado e hidratación**

2. **Fermentación**

3. **Fermentación mixta**

4. **Centeno**

5. **Nevera**

6. **Cocción**

7. **Proyecto de fin de curso**

8. **Fuera de programa: masas dulces**

Apéndices y extras

Qué necesitas para hacer pan en casa

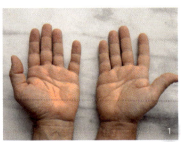

Lo más importante para hacer pan no se puede comprar ni se ve; son las ganas de aprender, la voluntad de observar y apuntar lo que ves para así ir mejorando. Si quieres que tu aprendizaje sea más efectivo, una libreta y un lápiz (y las fotos y las notas en tu móvil) te ayudarán muchísimo a anotar tus progresos, observaciones y dudas.

Tus manos
La herramienta más perfecta y versátil, te sirve para mezclar, amasar, formar, enhornar. A veces nos agobiamos pensando en que habrá que comprar muchas cosas, cuando en realidad lo más importante lo tenemos delante (1).

Rasqueta
No me gusta comprar utensilios que sirven solo para una utilidad específica, por eso en este libro verás que la mayoría de los panes se resuelven con cosas normales de casa: trapos, boles, libros, etc. Una rasqueta elástica pero firme es posiblemente el único útil con finalidad específica que considero importante: facilita muchísimo la manipulación de la masa (2).

Herramientas para medir
Seguro que conoces gente que borda recetas: el arroz con leche de tu abuela, la paella de tu tío, etc. Son elaboraciones perfectas que ellos preparan de una manera despreocupada, sin pesar ni medir nada. Aparte de la mano que cada uno pueda tener, esos platos tienen un único secreto: los han repetido durante años, afinando su elaboración.

Si mides y controlas las variables del proceso (tiempo, peso y temperatura) tu curva de aprendizaje será muchísimo más rápida. Para aprender a hacer pan no te recomiendo que te compres cestos ni telas de fermentación ni una olla de hierro colado ni una pala o una cuchilla específica, pero lo que sí que te recomiendo es un buen termómetro, te ayudará más de lo que te puedes imaginar. Además del termómetro, una balanza y un reloj completan el trío de instrumentos de control que harán el aprendizaje más provechoso (3).

Casi todos llevamos un móvil en el bolsillo, lo que es genial para documentar tus progresos. Acostúmbrate a tomar fotos de cada paso del proceso; las fotos tienen fecha y hora, así podrás ver cuánto tardó un pan en fermentar o qué diferencias hay entre los panes fermentados en invierno y en verano (4 y 5).

Contenedores con tapa y que sean fáciles de limpiar

Para que la masa fermente puedes usar lo que tengas por casa: una ensaladera de cristal como la que sale en las fotos del libro, una fuente de canelones, etc. Intenta que sea de un material fácil de limpiar y rascar. Un pequeño detalle que es utilísimo: usa boles que tengan tapa (o búscales unas que cierren bien o usa un gorro de ducha como los que dan en los hoteles). Me encantan los contenedores rectangulares bajos, ya que facilitan la manipulación de la masa y guardarla en la nevera sin ocupar mucho. Además, es muy fácil conseguir que una masa plana gane o pierda temperatura (6).

Cuchillito de sierra

Si tienes una cuchilla de panadero, genial, puedes conseguir hojas de recambio y es maravillosa. No obstante, en casa yo uso un pequeño cuchillo de sierra que no requiere ningún cambio de hoja, no se oxida y dura décadas. Intenta buscar uno con una sierra afilada que desgarre bien la masa, no uses uno de filo liso (7).

Trapos que no peguen mucho

Los trapos sirven para dejar que la masa fermente y evitar que se pegue (en panadería profesional se usan unas telas de lino grueso). Intenta buscarlos de punto cerrado, sin muchos hilos sueltos.

Bandeja para enhornar y transportar

Parece una tontería, pero una bandeja o tabla (o incluso cartón duro) de unos 40 x 30 cm es utilísima ya que te facilita la colocación, transporte y enhornado de los panes. A menudo lo que buscamos es colocar la masa sobre la bandeja del horno caliente para darle un golpe de calor, por eso es útil tener algo que sirva de pala (8).

Cepillo para limpiar

No uses un estropajo para limpiar restos de masa, es un pringue; en su lugar, usa un cepillo (9).

Bandeja metálica para crear vapor en el horno

Para crear vapor en el horno, busca una bandeja metálica lo más ancha posible; puede ser la segunda bandeja que traen algunos hornos o bien una para asados o canelones (10).

Cosas que no considero tan esenciales

Si sigues las redes sociales, parece como que no puedes hacer pan sin cestos de fermentación, una olla francesa de hierro colado, una cuchilla profesional, telas de lino, etc. Estas cosas están muy bien, y da mucho gusto usarlas, pero considero que, especialmente al principio, no es necesario hacer una inversión para comprarlas ya que en casa (como explico arriba) es fácil que tengamos sustitutos muy válidos. ¡Lo importante es el pan, no el equipamiento!

Maneras de crear calor en casa

El control de la temperatura es una de las enseñanzas más importantes a la hora de hacer pan, ya que (entre otras cosas) con la temperatura controlas el tiempo y haces que se adapte a ti, y no al revés. Es habitual que tengas una nevera en casa, lo que es genial para hacer pan, como podrás comprobar más adelante. No obstante, no es tan fácil que tengas una cámara de fermentación para tener tu masa a una temperatura más caliente que la que hay en tu casa en los meses fríos. En España, el final de la primavera y el comienzo del otoño son ideales para hacer pan, se podría decir que sale solo, ya que sin darte cuenta estás fácilmente en los 24-26 °C, la temperatura del pan.

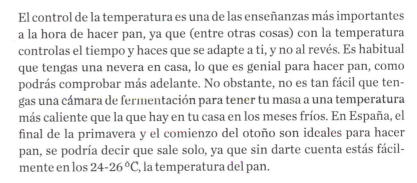

Sin embargo, en los meses fríos hacer pan es un desafío logístico, ya que tienes que intentar que tu masa no pase frío al fermentar. Esto es crítico en el proceso de creación de la masa madre, donde es importante que mantengas unos 24-26 °C durante varios días. Lo primero que tienes que intentar es que tu masa empiece teniendo su temperatura adecuada. Si tu cocina está a 18 °C y pones agua del grifo a 18 °C, tu masa acabará fría. Sin embargo, como vemos en los capítulos de fermentación y amasado, puedes usar el agua para calentar la masa (o enfriarla en verano). Si tu cocina y tu harina están a 18 °C, tendrás que usar agua entre 30 y 35 °C para que tu masa quede sobre los 25-26 °C. Si tu cocina está muy fría, puedes incluso usar agua un poco más caliente, para que tu masa parta con un poco más de temperatura, a sabiendas de que irá enfriándose durante la fermentación.

¿Cómo conseguir que no se enfríe la masa?

La inmensa mayoría de los comentarios sobre panes fallidos que he recibido a lo largo de los años se debe a una falta de control de la temperatura, en especial a masas que se han quedado frías. Queremos que la masa reciba un calor uniforme y suave, no queremos que esté a 40 °C, por eso no es buena idea poner la masa madre (o el pan) encima de un radiador, al menos directamente encima; si vas a hacerlo, pon varios trapos plegados entre el radiador y la masa. Con un poco de creatividad, descubrirás rincones, instrumentos y sistemas insospechados para que tu masa madre o tu pan no pasen frío.

Algunos hornos tienen una «función de fermentación», pero en realidad suelen ponerse por encima de 30 °C, así que usa ese recurso con precaución. Mi consejo es que «lances» el calor del horno un ratito, pero que luego lo tengas apagado. De hecho, el horno es una estupenda cámara de fermentación, y para que esté caliente puedes usar desde una bolsa de goma de agua caliente de las de toda la vida, a una jarra o

bandeja grande llena de agua recién hervida. En todos estos casos el calor será uniforme, suave y húmedo. Si tienes una manta eléctrica, puedes ponerla al mínimo en la base del horno, será una cámara fermentadora de categoría, pero una humilde bolsa de agua caliente también aguanta un buen rato el calor (1). Yo uso algo similar, pero con un cable calefactor para reptilarios al que le he puesto un termostato (2). Usar la bombilla del horno para generar calor también es una buena idea, pero ten cuidado, porque en algunos hornos pasa de 30 °C en unos pocos minutos (3).

Los electrodomésticos como el lavavajillas o la secadora conservan un calor suave durante mucho rato después de haber acabado de funcionar, por lo que son insospechadas cámaras de fermentación (4). Puedes dejar el bote de masa madre acurrucado en la ropa tibia dentro de la secadora o en la rejilla de tu lavavajillas calentito. Puedes calentar una jarra de agua en el microondas (o cocer unas patatas, y te las comes) y después aprovechar el calor residual que dura un buen rato (5). Si tienes una vieja nevera de camping, puedes usarla como cámara fermentadora poniendo una botella de agua caliente dentro.

Una vieja yogurtera es en realidad una cámara de fermentación de leche, lo que pasa es que suelen estar calibradas para mantenerse en 40 °C, así que puedes usarla con varios trapos en la base y la tapa abierta, para que se escape parte del calor y no acabes achicharrando tu masa madre, como me enseñó mi amigo Diego Veras en Buenos Aires (6).

Mi primera masa madre, en la fría primavera londinense del año 2005, salió adelante porque la puse al lado del ventilador del ordenador. Puedes dejar tu masa madre o pan junto al router o la torre de tu ordenador (7). De igual manera, muchas neveras están empotradas en armarios, en lo alto de los cuales suele haber un hueco que siempre está tibio, como pasa con los termos que producen el agua caliente de muchas casas.

Por último, aunque suene raro, piensa que las personas somos radiadores andantes a 36 °C. Un sistema de emergencia que he usado, especialmente estando de viaje en lugares fríos y sin acceso a ninguna fuente de calor, es poner la masa madre en un bote hermético y meterla conmigo bajo el edredón durante la noche (8).

Harinas

La harina es el ingrediente más importante del pan; busca las mejores harinas que puedas encontrar, que sean sabrosas y hagan que tu pan brille. Por un lado, hoy en día cualquier harina del súper, aunque sea la más barata, es capaz de darte un buen pan. Por otro lado, una vez que adquieras técnica, notarás que aún hay una diferencia entre tu pan y los panes más ricos, y a menudo esa diferencia es la harina. Para hacer un pan excepcional, hace falta una harina excepcional.

Molienda

Los granos de cereal se pueden moler de varias maneras. Si en el paquete no pone nada, las harinas están molidas en cilindros de metal, lo cual consigue hacer harinas finas, ya que separa muy bien los tres elementos del grano: salvado (la cáscara), endospermo (la parte almidonosa) y germen (el pequeño tesoro de sabor y aporte nutritivo). Por otro lado, aún quedan harinas molidas a la piedra (lo suele indicar claramente); en esta molienda, el grano se chafa entero desde el principio. Aunque luego la tamices para tener una harina más clara, quedarán pequeñas partículas de salvado y endospermo. Por este motivo, las harinas molidas a la piedra suelen ser más sabrosas y de color más intenso. Para panes rústicos, la mayoría del libro, a mí me encantan las harinas molidas a la piedra, ya que producen panes con mucho sabor y personalidad. Para panes más ligeros y suaves las harinas blancas molidas a cilindro (o sea, la inmensa mayoría) darán un gran resultado.

Todas las recetas de este libro están hechas con harina del supermercado (menos alguna harina especial), para que cualquiera pueda reproducirlas en casa. Me consta que la mayoría de estos panes mejorarían con harinas más sabrosas.

Extracción

Una vez molida la harina, se puede tamizar más o menos, y esto da como resultado harinas integrales, intermedias y blancas. Cuanto más tamizada esté la harina, menos sabor a cereal tendrá (y menos agua absorberá) y viceversa. Para identificarlas, verás que a menudo se usan unas cifras a modo de código. En Francia, una cifra indica la tasa de ceniza que queda al carbonizar la harina. Una harina muy blanca es T45, las blancas típicas de pan son T55 y T65, la T80 ya es cremosa, la T110 semiintegral y la T150 integral (en Alemania hacen algo similar). En Italia o Argentina el mismo concepto lo indica un número más pequeño. De más a menos integral tenemos: Integral, 2, 1, 0, 00, 000.

Escala de extracción de grano a harina integral, semiintegral y blanca

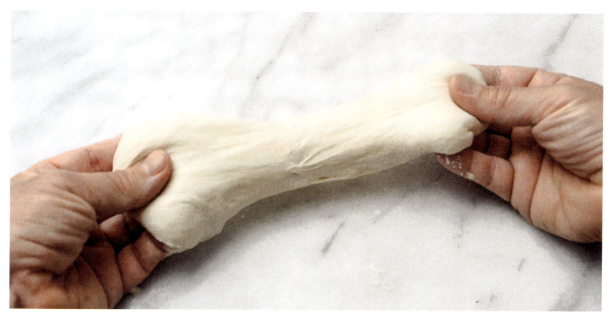
Sintiendo la fuerza de la harina; cuán extensible y elástica es

Fuerza

La fuerza es una cualidad que expresa el comportamiento plástico de la masa y solo se aplica a las harinas de trigo. Es una medida que no nos dice nada del sabor, solo nos habla de qué resultado dará en términos estructurales.

Puedes saber si una harina tiene más o menos fuerza haciendo pan (igual que tendrías que cocinar para saber cómo es tal o cual arroz o alubia). Pero tocando la masa puedes llevarte una idea muy aproximada. Coge un trozo de masa con los dedos. Estira y pliega la masa varias veces. Verás que tiene una resistencia al estirado y se encoge cuando la sueltas: esto es la elasticidad. Una harina más elástica suele tener más fuerza. Ahora estira la masa para ver cuánto se deja estirar antes de romperse: esto es la extensibilidad. El equilibrio entre extensibilidad y elasticidad condiciona el comportamiento de la masa. Para masas que necesitan estirarse mucho tal vez no te interese una harina muy fuerte, ya que un exceso de elasticidad te penalizará. En cambio, para masas que tengan que aguantar mucho (tiempo, agua, grasas), buscarás una mayor fuerza. En general, la mayoría de los panes se hacen con harina intermedia, llamada panificable o panadera.

El valor W y la fuerza

En el entorno profesional (y en cada vez más harinas de supermercado), la fuerza se expresa con un valor que proviene de una prueba de laboratorio: el valor W. Es interesante, ya que da una idea de lo que puedes esperar, pero viene a ser un poco como el dato de estatura de una persona o los metros cuadrados de una vivienda; está bien saberlos, pero no cuentan toda la historia y a veces te llevas sorpresas. Una harina floja tendrá menos de W100, una panificable (la típica de hacer pan) tendrá entre W120 y W200, y una de fuerza tendrá W300 o más. Es interesante conocerlo, y cada vez más harinas lo indican, pero no debe tomarse como algo sagrado, ya que hay pequeños matices que se escapan a lo que puede expresar una cifra. Anota siempre con qué harina has hecho el pan, y estudia su comportamiento. Las recetas indican el tipo de harina que necesitas en cada caso: floja (de repostería), fuerte (para bollería o masas hidratadas) o panificable (intermedia). Si no tienes panificable, mezcla a medias harina de fuerza y harina floja.

Manipulación de la masa

Por más que hayas leído sobre hacer pan, nada sustituye al hecho de meter las manos en la masa y aprender practicando. Nadie aprendió sin mancharse y sin hacer algún ladrillo, pero si comprendes los conceptos esenciales irás a toda velocidad por la curva de aprendizaje. Un aspecto que considero esencial es que documentes lo que aprendes. Tomar fotos y notas (aunque scan de voz con el móvil) es una gran ayuda. Anota los tiempos, las temperaturas y tus sensaciones, y vuelve a tus notas según vayas aprendiendo. Aquí van unas ideas básicas para que te enfrentes a las masas con garantías de éxito.

Limita el uso de harina para manipular: usa agua

Cuando enseño a hacer pan, veo que mucha gente tiene la idea de que todo ha de estar lleno de harina, y que si la masa se pega, hay que echar más harina. Todo lo contrario; cuando hagas pan ten a tu lado un bol con agua. Si tienes las manos mojadas, la masa no se te pegará cuando la manipules. Tan solo en el formado usaremos harina, pero la mínima posible, dependiendo del tipo de pan, claro.

No abuses de tocar la masa

Da gusto tocar la masa, cuando empiezas a hacer pan te atrae como un imán. Sin embargo, cuando estás aprendiendo, uno de los errores más comunes es tocarla demasiado, con demasiada fuerza. Aprende a tocar lo menos posible y con delicadeza. Piensa en cuando pisas el pedal de freno del coche: lo haces de forma controlada, intensa cuando hace falta, pero normalmente suave; así es como has de tocar la masa. Una clave es pensar que, cada vez que tocas la masa, lo haces con una finalidad, para algo. Intenta hacerlo de la forma más «económica» posible.

La rasqueta es tu mejor amiga

No necesitas muchas cosas para hacer pan, pero si hay un objeto que considero esencial este es la rasqueta. Si juntas el uso de la rasqueta con las dos recomendaciones anteriores (no abusar de la harina y no abusar al tocar la masa) la cosa irá sobre ruedas.

El pliegue, el gesto básico con varias técnicas

El pliegue es posiblemente el gesto más importante a la hora de hacer pan. Usando pliegues puedes amasar, dar estructura a la masa e incluso formar el pan. Si pliegas bien, tienes una gran parte del camino recorrido. La idea de plegar la masa es estirarla suavemente antes de doblarla sobre sí misma, creando una suave tensión. Cuando se trate de amasar, esto servirá para desarrollar el gluten; cuando la masa esté fermentan-

do y vaya relajándose, quedándose cada vez más floja, el pliegue servirá para que la masa gane fuerza (y volumen en el horno).

Pliegue a una mano

Sostén el bol con una mano (seca y limpia, por si tienes que hacer algo inesperado) y mójate la otra mano antes de coger la masa con suavidad (1): estira hacia arriba hasta notar que la masa muestra algo de resistencia (2) y pliégala entonces hacia un lado al tiempo que estiras de ella creando un poco de tensión (3). Una vez que has hecho este gesto, gira el bol 90º y repítelo, y así otras dos veces más hasta hacer un pliegue en cada uno de los 4 puntos cardinales: norte, sur, este y oeste. A esta secuencia se la denomina en el libro «dar un pliegue». No tardas más de 10 o 15 s en hacerlo, y su efecto en la masa es increíble.

Pliegue en espiral a dos manos

Una alternativa, sobre todo para masas algo húmedas, es usar las dos manos (4). Mójate las manos, deslízalas por debajo del centro de la masa (5) y estira suavemente hacia arriba, esto hará que la masa se tense (6); entonces rota las muñecas de modo que incorpores un movimiento en espiral a la masa, para tensionarla y que se vaya enrollando (7). Vuelve a repetir el gesto dos o tres veces más, hasta que hayas «enrollado» toda la masa (8).

Hay muchas recetas del libro que prescinden del amasado tradicional (trabajar la masa de corrido durante 5-10 min) y lo sustituyen por unos intervalos de pliegues y reposos. Un ejemplo típico es hacer un pliegue cada 30 min y repetirlo unas 3-5 veces. Al cabo de ese tiempo, la masa se habrá amasado y estará desarrollada, fina y con cuerpo, aunque el total de segundos que le has dedicado no llegue al minuto. Solo debes tener en cuenta una cosa importante: en ese ejemplo han pasado 2 h (30 min x 4) de fermentación. Tenlo en cuenta para descontar el tiempo de fermentación entre pliegues del tiempo total.

Truco para sacar la masa de un contenedor fácilmente

Para sacar la masa de un bol o contenedor un truco muy sencillo es no meter la mano directamente (ya que la masa se pegará mucho), sino espolvorear harina en el perímetro de la masa (o bien mojarte las manos o la rasqueta), meter la mano o la rasqueta (9 y 10) para soltar la masa de las paredes y entonces sacar la masa delicadamente (puedes voltear el bol para que la gravedad trabaje por ti).

Amasado
Ideas esenciales

Agua y temperatura

Aunque parezca obvio, el segundo ingrediente esencial de la masa es el agua. Paradójicamente, cuando nos ponemos a pensar en el agua, a menudo nos parece que lo más importante es de dónde viene, si es agua dura o blanda, si es de grifo o de botella, cuando esto no tiene la menor importancia (me consta que mucha gente de zonas con aguas de grifo «difíciles», como Levante o Barcelona, no creerán esto, pero con esa agua se hace un gran pan).

Lo que nos interesa en realidad es cuánta agua pondremos y a qué temperatura. Controlar la temperatura de la masa es esencial a la hora de hacer pan. Una masa fría no fermentará bien, además de que puede que le falte estructura, y una masa demasiado caliente puede estar fuera de control. Menos en los panes en que se indica expresamente lo contrario, todas las masas del libro están fermentadas a unos 25-26 °C. ¿Cómo se consigue? Para empezar, piensa en cómo está tu harina y tu cocina. En verano ambas estarán calientes, no es raro que estén a más de 30 °C, y encima calentarás la masa al amasar, por esa razón en verano usarás agua fría, para enfriar la masa, exactamente lo contrario que harás en invierno.

Hay un momento mágico en el año (a finales de la primavera y principio del otoño en España) en que es fácil que tus masas queden más o menos a la temperatura ideal sin mayor esfuerzo. El resto del tiempo tendrás que intervenir calentando o enfriando la masa. Esta puede ser una de las lecciones más importantes de este libro; es obvio pero esencial. Para ayudarte, en este capítulo tienes una serie de ideas acerca de cómo crear calor en casa.

Aunque hay fórmulas para conseguir la temperatura exacta de una masa, basta decir que el agua tiene que añadir o quitar la temperatura que le falte o sobre a la harina. Pero además piensa que la temperatura ambiente también afectará a la fermentación, por lo que es buena idea empezar a fermentar previendo que la masa pueda calentarse o enfriarse (y dejarla a propósito más fría o caliente de esos 25-26 °C ideales). Es una idea sencilla, como ponerse un abrigo si hace frío o una camiseta si hace calor, pero condicionará por completo el éxito de tu pan.

Cómo amasar

El amasado tiene varios objetivos, el primero es mezclar los ingredientes. Esto técnicamente se llama «fresado» y es lo que sucede en los primeros momentos, en los que solo hay una mera mezcla, no un amasado

propiamente dicho. Esto lo puedes hacer con el mango de una cuchara de madera, como se ejemplifica en varios panes del libro. Este sencillo gesto combinado con una serie de pliegues es todo lo que necesitarás en algunos casos; es fácil y no cansa. En muchos casos puedes optar por amasar una masa de corrido, en unos pocos minutos, o bien amasarla a intervalos, ya sea amasando unos segundos y dejando que la masa repose, o bien plegando la masa y dejando que repose unos minutos hasta el siguiente pliegue. Imagínatelo como si tuvieras que fregar una cazuela a la que se hubiera agarrado comida a la base. Podrías rascar y rascar, o bien rascar a ratos y dejar que el reposo y el agua caliente con jabón hicieran parte del trabajo, es una idea similar.

Una cosa que hay que tener en cuenta es que, si no vas a amasar, tienes que asegurarte de que los ingredientes se repartan bien, por eso en algunos casos es buena idea diluir la sal y la masa madre en el agua, para garantizar su distribución homogénea.

Puntos del amasado

En masas de trigo, según vayas trabajando la masa (directamente o mediante reposos) verás que esta se va desarrollando. Al principio será una mezcla basta y granulosa (1), pero irá afinándose, quedando más cohesionada (dentro del tipo de masa, claro; una integral será más basta que un brioche). Es fácil de comprobar si, tras dejar reposar la masa un par de minutos, estiras un trozo de masa suavemente. Observa cuánto se deja estirar y cómo se rompe. Una masa poco amasada se romperá con facilidad. Una masa medio amasada tendrá cohesión y empezará a haber una malla de gluten que soporte la masa (2). Una masa perfectamente amasada será lisa y, al hacer un agujero, los bordes de este serán lisos, no serrados (3). No obstante, este último punto no lo veremos en muchos panes, ya que a menudo amasaremos a intervalos. No te preocupes, en esos casos el tiempo de reposo amasa por ti.

A máquina

Aunque todos los panes del libro han sido amasados a mano, y el planteamiento de base es que no cuentas con una amasadora, si tienes una obviamente puedes usarla. Todo lo que hemos visto sirve para una amasadora, puedes usarla también de corrido o a intervalos. Lo más importante que has de tener en cuenta es que las amasadoras suben mucho la temperatura de la masa, por lo que has de asegurarte de preverlo y así evitar masas demasiado calientes.

Amasado
Técnicas

Una vez que has mezclado los ingredientes de la masa, afrontas una parte crucial del proceso que condicionará el éxito final. A continuación te proporciono varias técnicas que puedes emplear solas o combinadas. Distintos panes tienen distintas necesidades, algunos necesitan más desarrollo inicial, otros pueden ir menos amasados por su estilo, como verás en las páginas dedicadas a los métodos y recetas.

El poder del reposo

Para mí, hacer pan es una actividad de ocio, así que es importante que sea placentera. Por supuesto, enfrentarse a una masa de brioche puede ser un gran reto (y es la última receta del curso, la graduación), pero te tiene que apetecer ese reto. Por suerte, el libro presenta distintos métodos y técnicas para adaptarse a tu gusto y a tus necesidades tanto en amasado como en fermentación y horneado.

Una técnica sencilla y esencial es usar el poder del reposo. Como verás en el capítulo dedicado a los distintos amasados, puedes no hacer nada en absoluto más que dar unos pliegues y reposar. O bien puedes ponerte a amasar de corrido. Hagas lo que hagas, un reposo siempre le vendrá bien a la masa. Una manera de hacer que los pliegues sean muy eficaces es introducirlos entre intervalos de reposo, pongamos de unos 15 a 30 min, el tiempo del que dispongas (las recetas te guiarán). Una manera muy sencilla es dar 3 o 4 tandas de pliegues mientras preparas la cena y cenas. Sin darte cuenta, has amasado el pan.

Distintas masas, distintos amasados

Cada tipo de masa necesita un amasado, según sea su textura. Las masas más secas se pueden amasar sobre la mesa con facilidad, pero las más húmedas necesitarán otra técnica, y en algunas no tendrás más que revolver con una cuchara o bien apretujar un barro con tus manos sin sacarlo del bol durante unos minutos.

Amasado de masas secas y medias

Cuando trabajes una masa de hidratación media o baja (que no se pega mucho a las manos) probablemente puedas amasarla sobre la mesa. Esta es tal vez la idea de amasado más popular. No obstante, es importante seguir un par de indicaciones. Lo primero es que no añadimos más harina, sino que dejamos que la masa vaya adquiriendo cuerpo. Lo segundo es que no hace falta mucha fuerza; es todo técnica. No hay que apretar con gran fuerza hasta romper a sudar, sino plegar y hacer rodar suavemente la masa, acompañándola. El movimiento de amasado se divide en tres gestos. Con la masa sobre la mesa: pliégala sobre sí mis-

ma hacia ti (en dos, como un libro) (1), aprieta suavemente con la base de la palma de la mano al tiempo que haces rodar la masa hacia delante (2 y 3) y finalmente (para acabar el gesto), gira 90º la masa y repite el primer gesto (4).

Amasado de masas húmedas

Cuando las masas son demasiado pegajosas como para usar la anterior técnica, pásate a este amasado (llamado también amasado francés). Este movimiento se divide en gestos. Con la masa extendida sobre la mesa: desliza las dos manos por debajo, de modo que te puedas ver las uñas de los pulgares (5), con los dedos estirados y pegados entre sí (muy importante) para que la masa no se te meta entre ellos. Levanta la masa de un tirón seco (si lo haces con timidez y suavemente lo normal es que se pegue), la masa quedará colgando entre tus manos, rota entonces las muñecas de modo que ahora te veas las uñas de los dedos índice a meñique y (sin soltar la masa) golpea la mesa suavemente con la base de la masa que cuelga (6). Ahora tracciona suavemente de la masa hacia ti (7) antes de lanzar la masa hacia delante, soltándola, para que se pliegue sobre sí misma (8). Ahora vuelve al primer punto, pero cogiendo la masa por los lados lisos. Si te fijas, este gesto es una prolongación del gesto de pliegue y giro de 90º de la masa, pero en movimiento.

TÉCNICAS ALTERNATIVAS

Cortar la masa

Aunque parezca que vas a estropearla, en realidad exponer la masa al aire (oxigenarla) es interesante para mejorar sus cualidades plásticas. Amasando sobre la mesa a veces falta algo de esa exposición al aire. Una manera sencilla es cortar la masa con la rasqueta como si estuvieras cortando verdura en juliana (9): repite esto dos o tres veces y verás como la masa mejora en su estructura.

Ahuecar la masa en el bol

Hay veces que la masa parece demasiado pegajosa, como cuando te enfrentas a un brioche lleno de mantequilla o un pan de agua. Una técnica muy sencilla es, sin sacarla del bol, usar la mano como una pala (con los dedos estirados y pegados entre sí) y simplemente hacer un movimiento circular, como si batieras huevos o intentaras subir las claras de un merengue (10). Repítelo a intervalos de 20 o 30 s y verás que la masa mejora.

Fermentación
Técnicas

La fermentación es la clave del pan levado, ya sea con levadura, con un fermento de levadura o con masa madre de cultivo. Comprender las ideas básicas es esencial para ahorrarte disgustos. No obstante, fermentar pan es una de esas actividades en las que nada sustituye a la experiencia. Tienes que haber hecho un pan pasado de fermentación y un pan corto de fermentación para comprender cuál es el punto adecuado, como pasa con cualquier cosa que cocinas.

Podemos imaginar la fermentación panaria como un triángulo que tiene tres vértices principales (1): tiempo, temperatura y proporción de masa madre por harina. Si visualizas este triángulo, cada vez que estiras hacia fuera o empujas hacia dentro una esquina (aumentando o disminuyendo ese parámetro), afectas al resto. Si bajas la temperatura, aumentarás el tiempo; si aumentas la proporción de masa madre por harina, reducirás el tiempo, etc.

1. Triángulo de la fermentación

Temperatura

La temperatura es el director de orquesta de la fermentación. Si no la controlas, el resultado será impredecible, aunque hayas usado buenos ingredientes y respetes los tiempos. Como verás en el libro, hay panes con procesos muy diferentes. Aunque la mayoría de los panes del libro están pensados para fermentar a unos 25-26 °C, hay algunos que fermentan a 18 °C, otros a 20-22 °C y otros incluso a 28-30 °C. El libro presenta opciones para que escojas cuál te gusta más y cuál se adapta mejor a tus horarios y estilo de vida.

Por si esto fuera poco, como veremos más adelante, se puede usar también la nevera para fermentar pan (bueno, para frenar la fermentación del pan), lo cual nos da un abanico de temperaturas muy amplio. Por norma general, es buena idea que el pan arranque con una temperatura que sea capaz de activar la fermentación. Los 25-26 °C a los que hacía referencia antes son un rango en el que las levaduras y bacterias responsables de fermentar trabajan bien.

Proporción de masa madre por harina

Junto a la temperatura, uno de los parámetros en los que puedes incidir para cambiar la velocidad de fermentación es la proporción de masa madre por harina. En el libro esta cantidad varía desde el 0,2 % hasta el 300 %, lo que da perfiles de panes muy distintos. No tengas miedo de adaptar el pan a lo que tú necesites, pero siempre entendiendo que hay una correlación que rige el proceso. Además, el uso de masa madre introduce una variable muy interesante respecto a hacer pan con levadura: parte de la harina ya ha fermentado, ya «es pan», por así decirlo.

Distintas harinas, distinta fermentación

Las harinas también pueden alterar el ritmo de fermentación de un pan, aunque el resto de los parámetros sean iguales. Por ejemplo, las harinas integrales suelen fermentar más rápido, igual que las harinas recién molidas. Por el contrario, las harinas de fuerza o los trigos duros suelen fermentar algo más despacio. Por este motivo siempre puede haber algo de variación, aunque si usas las harinas que se indican en cada receta tendrás resultados más o menos predecibles.

¿Una, dos, tres? ¿Cuántas fermentaciones?

Cuando hablamos de fermentar pan, a menudo se habla de la primera y la segunda fermentación. ¿Cuántas fermentaciones hay? En realidad, la fermentación es siempre la misma, en el sentido de que las levaduras y bacterias, *grosso modo*, simplemente se dedican a transformar azúcares en gas, alcohol y ácidos, que aportan volumen, sabor y aroma a la masa de pan. Cuando damos una fermentación muy larga e ininterrumpida a una masa, esta crece, pero la masa acabará relajándose tanto que, si no queremos acabar con una torta, tendremos que formarla para volver a darle tensión. El formado se toma como la frontera entre la primera fermentación (en la que toda la masa está junta, aunque vayas a hacer varios panes) y la segunda (en la que la masa tiene ya la forma final con la que entrará al horno). Este es el esquema básico de hacer pan, pero luego hay variaciones muy interesantes. Hay panes con una larguísima primera fermentación a los que se les da una segunda muy corta, ya que el pan ha hecho todo lo que tenía que hacer en términos de fermentación y solo queda meterlo al horno (panes divididos poco antes de ser enhornados, como chapatas y panes sin formado). Hay otros que prácticamente prescinden de la primera fermentación (como algunos panes de centeno), ya que llevan un gran aporte de masa madre, es decir, una gran parte de la harina ya ha sido fermentada. El uso de la nevera ha permitido cambiar los conceptos y los tiempos clásicos de fermentación, y puedes hacer que cada una de las dos fermentaciones dure un día. En el capítulo de uso de la nevera aprenderás cómo hacerlo. Simplemente piensa que, aunque el pan vaya a estar muchas horas a 4 u 8 °C, tiene que haber recorrido una parte de su camino fermentativo a esos 25-26 °C que arrancan la fermentación.

Introducción general sobre pan

Formado
Ideas esenciales

Durante la fermentación, la masa se hincha debido al gas que producen las levaduras y bacterias. Con el tiempo, el gluten desarrollado durante el amasado (y los reposos) se va relajando. Cuando unes estas dos ideas, el resultado es que una masa que ha estado fermentando un buen tiempo está hinchada de gas, pero a la vez relajada. Muchos panaderos intentan dar una buena primera fermentación a su pan, por un lado, para que se llene de sabor y aromas (y aumente su conservación) y, por otro lado, para que la masa se vaya relajando, madurando, con el resultado de una miga estupenda. Si, tras dejarla fermentar unas horas, metieras la masa al horno sin más, es probable que el pan saliese algo chato, por eso se suelen dar pliegues durante la primera fermentación, para que la masa vaya ganando estructura. Por otro lado, en el formado se vuelve a tensar definitivamente la masa antes de ponerla a fermentar otra vez antes del horneado. Si la formas, pero la horneas directamente, sin dejar fermentar el pan, el resultado es denso, ya que en el formado es probable que hayas perdido parte del gas creado en la fermentación.

Por otro lado, aunque suene extraño, con una misma masa formada de distintos modos podemos conseguir panes de distintos sabores. Si estiramos la masa y le damos una forma plana, tendrá mucha superficie de corteza, por lo que el pan sabrá diferente que un pan formado con la misma masa, pero metido en un molde, ya que el molde tiene mayor proporción de miga y además suele tener menos corteza al no estar tan expuesta al calor del horno una parte de la masa.

Estos son varios de los motivos por los que damos diferentes formas al pan: a veces nos vienen impuestas por la naturaleza de la masa (si es blanda o dura) o bien responden a una finalidad (tener alvéolos más grandes o pequeños, rebanadas muy grandes o bien mayor superficie de corteza, etc.).

¿Cuánta harina usar sobre la mesa durante el formado?
Dependerá de la masa, y suele ir en relación con lo hidratada que esté. Las masas de poca hidratación no se suelen pegar a la mesa, por lo que no es necesario que uses apenas harina, de hecho, podría ser contraproducente, ya que podría meterse en los pliegues e impedir su sellado, haciendo que la pieza se abriese en el horno. Las piezas de hidratación intermedia necesitan una fina capa de harina (la mínima cantidad imprescindible). Y finalmente las piezas de hidratación alta suelen necesitar bastante harina para no pegarse a la mesa y a las manos.

En algunos casos, la harina que uses quedará pegada a la masa y será parte de su personalidad. No solo es algo necesario para que la masa no se pegue a la tela durante la fermentación, sino que es una seña de identidad de algunos panes. Puedes ir un paso más adelante y usar esto como una nota de creatividad, ya sea en lo estético o en el sabor. Por ejemplo, los panes de miga oscura como los centenos o los teñidos (como las barritas de algarroba de la p. 105) quedarán espectaculares si usas harina blanca para crear un fuerte contraste cromático. También puedes usar la harina para dar notas de sabor. En panes de mucha hidratación y mucha superficie de corteza puedes usar harina de trigo duro (semolina o harina de fritura) para darle un toque de sabor dulzón que recuerda al maíz y la mantequilla.

¿Cómo manipular? ¿Desgasificar o no?

Con una misma masa se pueden obtener resultados muy diferentes. Por ejemplo, si haces una masa de hidratación intermedia y apenas la desgasificas durante el boleado, y después la manipulas aplastándola con la punta de los dedos para distribuir el gas, conseguirás una miga irregular y abierta. Por el contrario, si boleas esa misma masa con intensidad, la desgasificas bien y luego la formas como un pan de molde, la miga será también esponjosa, pero mucho más cerrada (lo cual está muy bien para que no se te cuele la mermelada por los agujeros). Ten siempre en cuenta que las decisiones que tomes en la mesa respecto a la intensidad y cantidad de la manipulación tendrán una influencia directa en tu pan.

Formar sin formar

Esta es una de mis técnicas de formado favoritas, la aprendí del gran panadero francés Thomas Teffri-Chambelland, y me parece ideal para el entorno casero. Una vez que has dado una buena primera fermentación a la masa (y está esponjosa, llena de sabor y aroma), no la pasas a la mesa enharinada, sino que la vuelcas directamente en un bol forrado con una tela bien enharinada y allí sencillamente procedes a traer los bordes hacia el centro, como si hicieras un hatillo, pero lo haces con suma delicadeza, de modo que incorpores tensión pero no desgasifiques la pieza. Como la masa conserva mucha de su estructura y no has incorporado mucha tensión, la segunda fermentación puede ser bastante corta. Lo puedes hacer tanto en una pieza redonda (1) como rectangular (2).

Introducción general sobre pan

Formado
Técnicas

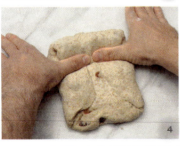
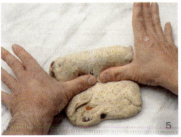

Panes sin formar

Aunque en nuestra cultura panadera la mayoría de los panes tienen una forma definida (barra, hogaza, etc.), entre otras cosas porque los panaderos necesitan tener homogeneidad para vender siempre el mismo peso y formato, en casa estás libre de esta obligación. Puedes usar recursos muy sencillos y resultones como simplemente extender la masa sobre la mesa y cortar rectángulos, a modo de adoquines, como una chapata.

Bolear

A la hora de formar el pan, el boleado es importante para dar tensión a la masa y conseguir un resultado homogéneo (en francés panadero se dice *boulanger*, «el que hace bolas»). Este proceso se divide en dos gestos. Lo primero es agrupar la masa (que estará blanda) en un hatillo, trayendo los bordes hacia el centro para crear una bola (1). En algunos casos, esto es todo lo que habrá que hacer, ya que solo necesitaremos un boleado muy delicado que agrupe la masa. En otros casos, una vez hecho este hatillo, colocaremos la bola sobre la mesa, con el cierre debajo, y la giraremos apoyando el canto de las manos en la parte inferior de la masa al tiempo que la deslizamos, para crear tensión y conseguir estirar delicadamente su superficie, otorgándole fuerza para que conserve su forma durante la segunda fermentación (2). Si lo piensas bien, la intensidad del gesto del boleado dependerá del estado de la masa y de lo que quieras hacer con tu pan. Si la masa se ha relajado demasiado durante la primera fermentación (o incluso si le ha faltado un pliegue para ganar fuerza), puedes aprovechar el boleado para otorgarle fuerza. Por el contrario, si tu masa está aún muy «entera» y firme tras la primera fermentación, el boleado será muy suave. Un ejemplo típico es un pan que vas a meter en la nevera tras el boleado y lo vas a hornear al día siguiente. Como va a pasarse muchísimas horas en la nevera (fácilmente entre 18 y 24 h), tienes que intentar aportarle la fuerza necesaria para que lo resista sin venirse abajo.

La degradación de la masa

Las masas fermentadas con masa madre tienen una diferencia esencial con respecto a las fermentadas con levadura. La masa madre crea acidez en la masa, y esta acidez aumenta con el tiempo hasta llegar a un punto en que la estructura del gluten se ve debilitada, incluso dañada irremediablemente. Mientras que una masa de levadura que se ha pasado de fermentación la puedes volver a formar y el pan saldrá bastante bien; en un pan hecho con masa madre de cultivo la masa puede llegar a dañarse hasta el punto de ser irrecuperable.

Formado de pieza redonda

Para formar panes redondos (sobre todo de tamaño medio o grande) usaremos el gesto del boleado, pero con la salvedad de que, para darle más tensión, podemos repetirlo dos veces, una vez como suave boleado y una segunda vez (tras 15-30 min de reposo) como formado final.

Preformado en rulo para pieza alargada

Para formar piezas alargadas no tienes por qué partir de una bola. Una técnica que facilita mucho el trabajo es colocar la masa sobre la mesa y darle una forma alargada, de esta manera no tienes más que cortar «rodajas» de masa que tendrán una forma alargada, las enrollas suavemente y ya has dejado listo el preformado para formar una barra.

Formado de pan de molde

El pan de molde se suele hacer con una masa relativamente fácil de manipular, así que es una buena escuela para tus manos. La idea es formar un rulo de masa, pero antes de eso se intenta eliminar de la masa cualquier gran burbuja que pudiera estropearte una tostada o un sándwich. Si quieres, puedes bolear primero para desgasificar, y esperar unos 10-15 min antes de formar. O bien puedes aplastar la masa antes de formar; si lo haces de forma sistemática eliminarás buena parte de las burbujas mayores. Sea como fuera, para el formado final, una vez la masa está plana sobre la mesa, trae los lados hacia el centro como si cerraras un libro (3), y entonces empieza a enrollar la masa desde arriba hacia abajo (4, 5 y 6), intentando acumular tensión en cada giro.

Formado de barrote

Un barrote se forma de manera similar al pan de molde, pero con menos intensidad y afilando los extremos para conseguir curruscos delgados y crujientes. Puedes partir de una masa boleada o preformada en rulo como se indica arriba. Deja que se relaje al menos 10 min antes del formado definitivo. Pliega los extremos de la parte superior de la masa hacia el centro, como si hicieras la punta de un avión de papel (7), gira la masa 180º y haz lo mismo en el otro lado (8). Ya has marcado la estructura principal de la masa. Ahora enrolla la pieza buscando crear una tensión intermedia (9). Finalmente, sella los dos «labios» de masa como si fuera una inmensa empanadilla (10).

Introducción general sobre pan

Horneado

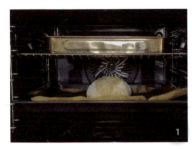

Los hornos de casa no se inventaron para hacer pan; no obstante, con ellos puedes conseguir hacer panes maravillosos con un par de indicaciones básicas y un poco de técnica. Uno de los factores que consigue que el pan se desarrolle en el horno y tenga una corteza dorada y brillante es la presencia de vapor durante la primera fase de la cocción. Muchas de las hogazas y panes que nos son más familiares dependen en gran medida de ello para conseguir su aspecto.

Dividir la cocción en dos fases

Una idea sencilla de pensar en la cocción de panes rústicos de corteza crujiente es dividirla en dos fases: la primera es la fase húmeda, con vapor, la segunda es la fase seca. Es esencial que la vaporización suceda al comienzo, ya que es cuando crece el pan. El calor hace que parte del agua contenida en la masa se convierta en vapor de agua y además estimula las levaduras, que producen gas antes de morir achicharradas (al aproximarse a los 60 ºC). Lo que tu pan no crezca al comienzo de la cocción no lo va a crecer después. En muchos casos, si cueces el pan sin vapor no conseguirá su volumen máximo.

Durante los primeros minutos en un entorno húmedo, el pan alcanza su volumen máximo. Tras acabar de crecer, su aspecto suele ser todavía blanco (técnicamente está «precocido»). Si se llega a dorar en ese punto de la cocción es que no ha habido suficiente vapor. En el momento en el que ya no crece más, puedes continuar la cocción sin vapor, en un entorno seco, dado que el objetivo en esa segunda parte de la cocción es dorar la corteza y darle mayor o menor grosor según el tipo de pieza y el

3. Desarrollo del corte en un pan cocido con vapor pero sin apagar la resistencia superior; el calor sella el corte y el pan se expande por donde puede.

4. Mismo pan que en las imágenes 3 y 5, pero apagando la resistencia superior; el pan se expande por el corte, sin el impedimento de la resistencia.

5. Desarrollo del corte en un pan cocido con vapor pero con ventilador; el ventilador seca la corteza y el pan no puede crecer bien, a pesar de tener vapor.

6. Corteza mate y blanquecina de pan sin vapor y dorada y brillante del mismo pan, cocido con vapor.

gusto personal. Mientras que en la primera parte de la cocción existe el riesgo de que el ventilador seque la corteza y la selle hasta impedir que el pan crezca (igual pasa con la resistencia superior o grill), en la segunda parte puedes usar el ventilador. Simplemente ten en cuenta que el horno con ventilador suele «sumar» unos 20-30 °C al uso sin ventilador. Las recetas del libro te indican el tipo de cocción, si tienes que usar vapor o no, así como el tiempo y la temperatura en cada fase del horneado.

¿Cómo crear vapor?

Crear vapor es tan sencillo como poner una bandeja metálica dentro del horno (si fuera de loza es probable que reventara por el choque térmico) y calentarla junto a la bandeja en la que vas a poner el pan. Es decir, cuando enciendas el horno habrá dos bandejas metálicas dentro. Puedes usar una fuente baja (de canelones o asado) o bien una segunda bandeja de horno, ya que muchos hornos incluyen dos bandejas. Cuanta más superficie tengan, mejor, de esa manera crearán más vapor. La bandeja donde irá el agua puede ir en un nivel superior al pan, o bien debajo (colocada directamente sobre la base), ahora veremos cómo.

Selección de fuente de calor dependiendo del pan

En el caso de muchas hogazas y panes que tienen que abrirse para expandirse, es buena idea evitar el uso del ventilador y la resistencia superior (o aplacarlos). Para ello, durante la primera fase de la cocción puedes colocar la bandeja del agua en un nivel superior al pan, de modo que haga de «escudo térmico» y no deje que la resistencia superior achicharre tu pan e impida que el corte se abra (1).

Otra opción muy sencilla y que uso mucho para la primera fase de la cocción es colocar la bandeja del agua en la base del horno y usar solo la resistencia inferior. De ese modo se crea mucho vapor y el pan no encuentra obstáculo para crecer (2).

Por último, si tienes un horno en el que no puedes quitar el ventilador, una técnica muy interesante es calentar el horno a todo lo que dé, colocar el pan en su bandeja y echar el agua en la suya, cerrar la puerta y apagar por completo el horno durante 10-15 min. Tras ese tiempo, enciende el horno, saca la bandeja del agua y continúa la cocción a 200 °C hasta completar el tiempo indicado.

¿Cuánto tiempo hornear?

Aunque hay panes que en su esencia, por su perfil, tienen una corteza determinada (tierna en el pan de molde, más contundente en una hogaza rústica), luego están las preferencias personales. La misma hogaza te puede gustar con más o menos corteza. Además, el hecho de vivir en una zona húmeda o seca puede que te haga preferir un mayor grosor e intensidad de la corteza. Si quieres cortezas más finas, aumenta la temperatura de cocción y cuece menos tiempo. Si quieres cortezas más rotundas, aumenta el tiempo de cocción y seca bien la pieza.

Conservación y degustación

Una de las cosas que más sorprende de los panes de masa madre (normalmente para bien, a veces para mal) es el sabor, el aroma y la textura. Como se puede comprobar en este libro no hay «un pan de masa madre» (aunque en las redes sociales machaconamente se repite el mismo tipo de pan), sino que la masa madre es un tipo de fermentación que puede crear muchos tipos de panes, incluso bollería. No obstante, la principal diferencia entre la fermentación con levadura (alcohólica) y la fermentación de masa madre es que la masa madre está compuesta de bacterias, además de levaduras, por lo que al alcohol se suman ácidos (principalmente láctico y acético) que crean un complejo universo de aromas y sabores. Por si fuera poco, la fermentación también afecta a la textura de la miga, que a menudo resulta algo más jugosa, húmeda, gelatinosa y tiene más conservación. Lo primero que tenemos que pensar es que el pan de masa madre es sencillamente distinto al de levadura y en muchos casos ofrece otras sensaciones. Como hemos visto anteriormente, hay panes modernos que se inventaron en la época de la levadura, como la chapata o la baguete, y bien hechos son exquisitos ya que aprovechan al máximo los recursos que ofrece la levadura en cuanto a sabor, textura y corteza. No obstante, hay una gran familia de panes, especialmente los panes rústicos, las hogazas, los panes de centeno, que deben toda su alma a la masa madre. ¿Son unos mejores que otros? No, son sencillamente diferentes, y eso es lo hermoso.

Sabor, textura y reposo
Además de masa madre de cultivo, muchas veces las grandes hogazas rústicas emplean harinas integrales o molidas a la piedra, lo que también refuerza su carácter rústico. Es normal que este tipo de pan muestre un sabor más intenso y una textura algo más firme. Por si fuera poco, el aroma y el sabor de este tipo de pan van evolucionando con el tiempo. Un pan grande (de 1 kg para arriba) es como un vino o un queso, y nos deleitará con un abanico de sutiles cambios según pasan los días. Al principio será más crujiente y los aromas más ácidos estarán más marcados. Según pase el tiempo, el sabor del cereal cobrará más presencia.

He organizado muchas catas de pan, y a menudo hago un experimento con una hogaza rústica de masa madre que ofrezco en dos versiones, sin decir cuál es la diferencia. Prácticamente en el 100 % de los casos la gente prefiere el segundo pan, y se llevan una sorpresa cuando les digo que el primer pan es del día y el segundo tiene uno o dos días de reposo. En muchos panes de masa madre el reposo mejora el pan. Esto es especialmente crucial en los panes de centeno. Con el pan de masa madre, huye de la idea del «pan calentito».

El uso del cuchillo tiene mucha miga

Uno de los curiosos efectos del reposo es que cambia la manera de cortar el pan. Cuando está recién hecha, una hogaza se corta mejor con el típico cuchillo de pan con hoja de sierra. Sin embargo, al cabo de un par de días es más fácil cortarlo con un cuchillo de hoja lisa, como un cebollero. Hay una sensación muy placentera de estar cortando algo con más entidad, como un trozo de queso.

Para cortar bien el pan (especialmente los panes de centeno) es esencial que la hoja del cuchillo esté perfectamente limpia. Si la hoja está un poco sucia arrastrará la miga, haciendo que te lleves la sensación de que el pan está crudo. Un truco para cortar pan de centeno 100 % es tener la hoja del cuchillo bien limpia y mojada.

Revivir el pan

Dado lo laborioso de hacer pan de masa madre, es una buena idea doblar las cantidades y hacer de sobra. El que tengas en la panera envuélvelo en un trapo sin olor a detergente. El resto es ideal para congelar; el buen pan congela muy bien. Para que dure mucho asegúrate de que está en una bolsa o contenedor totalmente hermético.

Otra idea interesante es «revivir» el pan. Al pan viejo le pasan dos cosas: se seca y su almidón se retrograda (vuelve a su estado original, muy duro). A diferencia del secado, la retrogradación se puede revertir volviendo a exponer el pan al calor. Si te fijas, una tostada de pan de ayer o anteayer vuelve a estar jugosa en su centro al ganar calor en la tostadora. Lo bueno es que este proceso sucede igual en piezas grandes. Te recomiendo hacer varias piezas de pan, ya sean grandes o pequeñas, y volver a meter el pan entero al horno unos 15-20 min a 200 °C. He llegado a hacer hogazas que, olvidadas en el cajón, al cabo de una semana estaban como recién hechas tras hornearlas otra vez. Ese tiempo en el horno consigue que la miga se caliente y se vuelva a poner tierna y jugosa, y encima seca un poco la corteza, que vuelve a crujir. De hecho, uso esta técnica a menudo cuando llevo un pan a casa de amigos para comer. Hago el pan el día antes (o varios días antes) y el día que he quedado lo meto 20 min al horno un rato antes de ir a casa de mis amigos. Cuando llego el pan está crujiente y jugoso.

La masa madre: creación, uso y conservación

Introducción general sobre pan

1. AMASADO E HIDRATACIÓN

2. **Fermentación**

3. **Fermentación mixta**

4. **Centeno**

5. **Nevera**

6. **Cocción**

7. **Proyecto de fin de curso**

8. **Fuera de programa: masas dulces**

Apéndices y extras

Presentación

En este capítulo meteremos por fin las manos en la masa. Para empezar, veremos cuánta hidratación puede tener una masa (la proporción de agua por harina) y cómo afrontar el amasado de los distintos tipos de masa, desde las más secas a las más húmedas. Uno de los grandes mitos acerca de la elaboración de pan casero es que hay que echar «el agua que admita» o «hasta que no se te pegue a las manos». Esta indicación es muy limitada, ya que olvida que (como sucede con el arroz, por ejemplo) hay elaboraciones que emplean distintas cantidades de agua y consiguen distintos resultados. En este sentido, igual que hay arroces secos, melosos y caldosos, podemos hablar de masas hechas con poca agua (hipohidratadas), con una cantidad intermedia y con mucha agua (hiperhidratadas), y cuyo resultado será diferente, tanto en la estructura de la miga como en la corteza, incluso el sabor. La cantidad de agua afecta a todos los aspectos del pan.

Entendida esta idea esencial, una vez que te pones a mezclar los ingredientes lo primero que llama la atención es que la masa se comporta de una manera muy distinta según varías la hidratación. Por este motivo, tienes que estar preparado para cambiar la manera en que afrontas un amasado y has de tener en tu caja de herramientas los recursos suficientes para sacar adelante las distintas masas.

El reposo es tu amigo

Una cuestión casi universal es que la harina tarda un rato en hidratarse bien y adquirir la consistencia que le será propia a esa masa. Por ese motivo, te aconsejo que siempre que mezcles los ingredientes de una masa (a menos que se indique expresamente lo contrario, sobre todo si hay algún elemento extraño, como azúcar o huevos), dejes reposar la masa entre 5 y 15 min antes de amasar. Verás como este pequeño reposo tiene efectos muy positivos. Por un lado, incluso las masas más pegajosas se pegarán algo menos, estarán más cohesionadas. Por otro lado, la masa te dará una información más acertada sobre su textura. A veces parece que una masa está terriblemente pegajosa, pero al cabo de 10 min resulta que la masa es manejable. Esto es especialmente notable trabajando con harinas integrales o con centeno, ya que el salvado y las demás fibras suelen absorber bastante agua. Ante la duda, espera.

Autolisis

Un tipo especial de reposo se denomina «autolisis», lo verás mucho en el libro. Esta técnica consiste en mezclar solamente el agua y la harina de la receta y dejar que reposen unos minutos (dependerá de la harina y de la receta, pero de 20 min a 1 h suele ser habitual). Este reposo hace que el amasado posterior sea más corto, te ahorra tiempo de trabajo y esfuerzo. Además, según se hidrata, la harina empieza a «despertar» y se lanzan los procesos microbiológicos que culminarán en un pan bien fermentado.

A cada masa, un amasado

En el capítulo introductorio de técnicas puedes consultar en detalle los gestos de amasado que se ejemplifican con las recetas de este capítulo. Para empezar, el primer pan del libro propone un método sencillo que prescinde del amasado. El gluten se desarrolla mediante una serie de microintervenciones, pliegues e intervalos de reposo. El resultado es asombroso y lleva décadas seduciendo a los panaderos caseros por su sencillez y por lo fácil que es adaptarlo a la vida en casa, sin los recursos de un obrador. En este pan usamos además una técnica de formado «sin formar», que no requiere de gran destreza ni mancha la encimera.

Las masas de hidratación intermedia, como puede ser el pan de molde, se suelen amasar sobre la mesa con el gesto que probablemente tengas en la cabeza cuando piensas en amasar. Hacer rodar la masa sobre la mesa mientras la aprietas antes de plegarla, traerla hacia ti y volver a empezar. Es un gesto hipnótico que acaba dejando la masa lista. No te olvides de que el reposo es tu amigo, así que, si lo necesitas, descansa.

Cuando la masa es más húmeda, como en el caso de las chapatas, la autolisis puede ser de gran ayuda. Para este tipo de masas, reserva siempre un poco de agua para ir añadiéndola cuando la masa ya tenga cuerpo y el gluten esté bastante desarrollado (piensa en cómo se hace una bechamel: primero ligas la masa y luego vas echando la leche poco a poco).

¿Y qué pasa cuando la masa es muy seca? El pan candeal, una masa hipohidratada, es probablemente el estandarte de la panadería española. Técnicamente es un pan interesantísimo, ya que el grueso del amasado se hace a rodillo (o con una máquina de rodillos llamada refinadora, brega, sobadora, etc.). El resultado es una masa sedosa que consigue una corteza de porcelana; pura seda castellana.

El último pan del capítulo presenta una técnica alternativa para afrontar panes densos, sobre todo si van en molde y puedes subir la cantidad de agua hasta convertir la masa en un barro. En este tipo de panes una cuchara es todo lo que necesitas para hacer un gran pan.

AMASADO E HIDRATACIÓN
Sin amasado

Sin amasado

Hogaza de masa madre sencilla (amasada con pliegues, sin formado sobre mesa)

Ingredientes

150 g de masa madre integral líquida activa*

300 g de harina panificable

200 g de harina integral de trigo

330-350 g de agua**

10 g de sal

*Consulta el capítulo de introducción para ver las posibilidades (p. 20).

**Consulta el capítulo de introducción para conseguir la temperatura idónea (p. 46).

Este pan prescinde de uno de los pilares del proceso de panificación, el amasado, y lo sustituye por una serie de pliegues que consiguen desarrollar el gluten y dar estructura al pan. Además, es una pieza que se resuelve sin apenas manchar, ya que la masa no toca la mesa en ningún paso del proceso. Se manipula en el bol e incluso el formado se realiza en el bol con una técnica tan sencilla como efectiva.

Método

Mezcla todos los ingredientes y revuélvelo con el mango de una cuchara de madera grande (1). Deja que la masa repose 20 min y pliégala suavemente estirando de la masa y doblándola sobre sí misma (2 y 3). Repite el reposo de 20 min y el pliegue otras 2 veces. Habrá pasado 1 h y habrás hecho 3 pliegues. Ahora deja que fermente unas 4-5 h a unos 24-26 ºC. Consulta el capítulo de introducción para ver cómo controlar la temperatura y su importancia.

Forra un bol de unos 2,5-3 l de capacidad con un trapo y enharínalo bien; no racanees con la harina porque corres el riesgo de que la masa se pegue. Vuelca la masa en el bol con trapo (4) y lleva los bordes de la masa hacia el centro, estirando y pegándolos en el centro haciendo un hatillo de forma que la masa se tense (5).

Fermenta de 1-1.30 h. Como si desmoldases un flan, vuelca el bol con la masa sobre una hoja de papel de hornear, retira el bol y el trapo con sumo cuidado y dale cuatro cortes formando un rectángulo (6).

Enhorna el pan a 250 ºC, calor arriba y abajo, con una bandeja metálica en la posición intermedia (para el pan) y otra en la base del horno (para el agua). Echa unos 200 ml de agua caliente en la bandeja correspondiente y cierra la puerta. Apaga el horno por completo y déjalo así durante 15 min. Abre la puerta, retira la bandeja del agua y enciende el horno a 210 ºC, calor arriba y abajo, y continúa la cocción durante otros 35-45 min más.

¿POR QUÉ ES INTERESANTE ESTA RECETA?

Presenta una manera sencilla de hacer pan sin esfuerzo, sin manchar, sin amasar, sin formar y con un horneado muy fácil, asequible a cualquiera. Introduce el pliegue, concepto esencial para aprender a sentir la masa y notar cómo se desarrolla.

VARIACIONES

Puedes hacer piezas más grandes: en un horno de casa cabe un pan de 3-4 kg sin problema, como el de la página 79. Cambia la proporción de harina integral según tu gusto.

AMASADO E HIDRATACIÓN
Amasado de masas firmes

Amasado de masas firmes

Pan de molde de masa madre con patata asada

Ingredientes

130 g de masa madre blanca líquida activa*

330 g de harina panificable

150-160 g de agua

35 g de patata asada**

15 g de mantequilla

15 g de azúcar

6 g de sal

leche para pincelar

*Consulta el capítulo de introducción para ver las posibilidades (p. 20).

**Yo aso las patatas al microondas, por lo que pierden agua; si las hierves, ajusta el agua de forma conservadora.

Las masas de hidratación intermedia son fáciles de amasar sobre la mesa con el conocido gesto clásico de aplastar y hacer rodar la masa. En esta receta, el pan de molde sirve de ejercicio para adquirir destreza, además de incorporar elementos clásicos para suavizar la masa: grasa, un poco de azúcar y patata asada, que aporta gran jugosidad y hace que las tostadas adquieran un dorado perfecto.

Método

Mezcla todos los ingredientes, el resultado será una masa poco pegajosa (1). Déjala reposar unos 15 min y amasa de corrido sobre la mesa durante unos 5-10 min hasta que la masa esté fina. Repite el gesto de amasado, con tres movimientos consecutivos: pliégala sobre sí misma, hazla rodar sobre la mesa con una presión media y acaba girándola 90° para volver a empezar el gesto (2).

Fermenta 1 h y dale un pliegue a la masa. Fermenta otra 1.30 h y pasa la masa a la mesa ligeramente enharinada. Estírala hasta formar un cuadrado de 2 cm de grosor.

Para formar el pan, pliega los extremos de fuera hacia dentro, como un libro (3) y luego enrolla incorporando tensión hasta tener un rulo de la anchura de un molde de unos 20 cm (4). Enaceita y enharina un molde y coloca la masa (5).

Fermenta unas 4-5 h, hasta que haya pasado del doble de volumen (6) y al apretar la masa con el dedo el agujero se quede marcado y la masa apenas vuelva. Pincélalo con leche y cuécelo a 210-220 °C, calor arriba y abajo, unos 30-35 min, los 5 primeros con un poco de vapor (pp. 56-57).

¿POR QUÉ ES INTERESANTE ESTA RECETA?

Presenta un gesto esencial en la panadería. Se adentra en las masas enriquecidas, proponiendo un ingrediente para crear masas jugosas que, además, consigan una tostada bien dorada.

VARIACIONES

Haz esta receta con harina integral, el sabor del cereal realza el dulzor natural del pan. Añade otros elementos jugosos, como copos de avena o un escaldado. Usa la nevera para fermentar. Usa esta masa para hacer bollos individuales.

AMASADO E HIDRATACIÓN
Amasado de masas húmedas y autolisis

Amasado de masas húmedas y autolisis

Chapata de masa madre (fermentación en nevera)

Ingredientes

60 g de masa madre blanca líquida activa*

300 g de harina de fuerza

230-240 g de agua

6 g de sal

*Consulta el capítulo de introducción para ver las posibilidades (p. 20).

**Consulta la técnica en el capítulo de introducción (pp. 46-49).

Una masa pegajosa es uno de los mayores desafíos cuando comienzas a hacer pan. Un buen gesto de amasado requiere práctica, y esta masa es un buen banco de pruebas. Puedes ser un poco conservador con la hidratación al principio y añadir más agua según ganes destreza. El uso de un reposo previo (autolisis) facilita el amasado y la fermentación en nevera funciona muy bien para que este tipo de masas no sea tan engorrosa.

Método

Mezcla la harina y el agua (reservando unos 20-30 g) hasta que formen una masa cohesionada (1). Deja que repose 1 h. Este periodo, llamado autolisis, hará que el amasado final sea más corto y efectivo. Pasada la hora, añade la sal y la masa madre. Mezcla todo bien dentro del bol.

Pasa la masa a la mesa y amásala con el amasado para masas húmedas.** Mójate las manos y sostenla como si fuera un bloque, tira con decisión para levantarla de la mesa, después golpea la mesa con la parte inferior de la masa mientras traccionas hacia ti y la estiras (2). Por último, arrójala haciendo que tus manos se liberen de ella. Amasa durante 5 min, hasta que la masa esté fina (3). Según coja cuerpo puedes añadir poco a poco el agua que habías reservado.

Tras 30 min pliega la masa dentro del bol: mójate las manos y levanta la masa sosteniéndola con las dos manos y pliégala en espiral, como si la enrollaras (4). Repite este pliegue al cabo de 30 min. Deja que fermente otras 3 h y métela en la nevera tapando el bol herméticamente.

Al día siguiente, pasa la masa a una mesa muy enharinada y forma con ella un rectángulo. Espolvorea harina por encima y divídela en dos partes iguales con una rasqueta o cuchillo grande, cortando como si fuera una guillotina (5). Pasa las chapatas a una tela bien enharinada con un pliegue en medio para que no se peguen (6). Deja que fermenten 1 h.

Pasa las piezas a una hoja de papel de hornear y cuécelas en un horno a 250 °C, calor arriba y abajo, durante un total de 25-30 min (según cuánta corteza quieras), con vapor durante los 5 primeros (pp. 56-57).

¿POR QUÉ ES INTERESANTE ESTA RECETA?

Presenta varias técnicas que solucionan el engorroso amasado de masas húmedas: autolisis, reposos, pliegues, amasado específico para masas pegajosas.

Incorpora la fermentación en nevera, en la que se profundizará en el capítulo 5.

VARIACIONES

Puedes jugar con la cantidad de agua hasta que te sientas cómodo. Incorpora aceitunas, hierbas aromáticas, haz chapatitas. Usa esta masa para una hogaza redonda de gran alveolado.

Refinado de masas hipohidratadas

Candeal de masa madre

Ingredientes

- 250 g de masa madre sólida activa*
- 400 g de harina floja
- 200 g de agua
- 9 g de sal

*Consulta el capítulo de introducción para ver las posibilidades (p. 20).

El pan candeal (sobado, bregado, de máquina, asaonado, amacerado, etc.) es el emblema de la panadería española. Hacerlo en casa abre la puerta a la manipulación de masas hipohidratadas. El refinado es una manera arcaica de amasado que obtiene como resultado una miga sedosa y jugosa y una corteza de porcelana. Una harina floja facilitará el trabajo, además de conseguir una miga más tierna y una corteza más abarquillada.

Método

Mezcla todos los ingredientes en el bol hasta que quede una masa homogénea, que será bastante seca (1). También puedes usar la autolisis (retrasando la sal y la masa madre). Pasa la masa a la mesa y amásala un par de minutos para que se cohesione (2).

Refina a rodillo estirando la masa hasta que mida aproximadamente 1 cm de grosor (3) y pliega en tríptico antes de volver a estirar (4). Dale unos 8-10 pliegues hasta que la masa esté dúctil, sedosa y se deje estirar sin gran resistencia. Cuando la masa está lista, es clásico escuchar cómo alguna burbuja de aire encerrada en la masa hace un pequeño ruidito al estallar.

Bolea la masa intentando incorporar bien de tensión. Deja que la masa repose 10 min bien tapada y después bájala usando las palmas de las manos para apretar con fuerza hasta formar una torta de unos 2 cm de grosor (5).

Fermenta el pan (bien tapado) sobre una tela durante 3-3.30 h. Finalmente, mientras se calienta el horno, deja el pan sin tapar unos 5 min (dependerá de la humedad del ambiente), hasta que adquiera una finísima piel (no demasiada).

Una vez fermentado, pásalo a una hoja de papel de hornear, dale cinco cortes muy profundos en los bordes, prácticamente hasta la base de la pieza, y pínchalo en el centro varias veces formando un motivo a tu gusto (6).

Cuécelo en el horno a 230 ºC, calor arriba y abajo, sin vapor, durante unos 30-35 min. Una vez fuera del horno, deja que repose tapado con una tela hasta que se enfríe por completo.

¿POR QUÉ ES INTERESANTE ESTA RECETA?

Muestra cómo las harinas flojas pueden dar grandes resultados tanto en miga como en corteza. Presenta una versión de masa madre de un clásico de la panadería española. El refinado también se puede aplicar en panes al vapor, pan de molde y otras elaboraciones que requieran una miga fina y suave.

VARIACIONES

Cambia el formato para jugar con la proporción miga/corteza. Puedes hacer panecillos pequeños, pero aumenta la temperatura de cocción 10 ºC para garantizar un buen dorado.

Amasar con cuchara

Pan semiintegral con frutos secos (sin amasar ni formar)

Ingredientes

- 120 g de masa madre integral líquida activa*
- 240 g de harina integral de trigo
- 160 g de harina panificable
- 330-340 g de agua
- 8 g de sal
- 80 g de nueces tostadas
- 80 g de avellanas tostadas
- 80 g de almendras tostadas

*Consulta el capítulo de introducción para ver las posibilidades (p. 20).

Algunas masas, especialmente si van en molde o no tienen grandes aspiraciones en el formado (este pan va sin formar), se pueden hidratar hasta conseguir que revolverlas con una cuchara sea pan comido. Evidentemente, el pan no tiene un gran desarrollo, pero para este perfil de pan semiintegral jugoso y con gran cantidad de frutos secos, el resultado es muy satisfactorio. Omitir el formado hace que este pan sea tan apetitoso como asequible.

Método

Mezcla todos los ingredientes de la masa (salvo los frutos secos) ayudándote del mango de una cuchara; quedará una especie de barro (1). Deja que la masa repose 15 min y añade los frutos secos, vuelve a remover unos instantes, lo que puedas sin cansarte mucho (2). Si ves que la masa ha quedado algo seca, puedes añadir más agua (los frutos secos absorberán agua durante el tiempo de fermentación).

Tras 1 h de fermentación, da un pliegue a la masa, estirando de ella y plegándola sobre sí misma (3). Fermenta otras 2.30-3 h.

Vuelca la masa sobre la mesa muy enharinada y enharina después la masa también por encima. Ajusta un poco las esquinas para formar un rectángulo (4) y córtalo en cuatro partes (5). Dales la vuelta, colócalas sobre una hoja de papel de hornear y déjalas que fermenten 1 h más, hasta que se noten esponjosas (6).

Cuece los adoquines en un horno a 240 °C, calor arriba y abajo, durante unos 20-25 min con vapor durante los 5 primeros (pp. 56-57).

¿POR QUÉ ES INTERESANTE ESTA RECETA?

Plantea soluciones muy satisfactorias para el panadero casero, como omitir el amasado sobre la mesa o el formado tradicional, la masa simplemente se divide.

VARIACIONES

Añade también frutas secas y especias como cardamomo, hinojo o alcaravea. Mete la masa en un molde para tener rebanadas inolvidables.

La masa madre: creación, uso y conservación

Introducción general sobre pan

1. **Amasado e hidratación**

2. FERMENTACIÓN

3. **Fermentación mixta**

4. **Centeno**

5. **Nevera**

6. **Cocción**

7. **Proyecto de fin de curso**

8. **Fuera de programa: masas dulces**

Apéndices y extras

Presentación

La fermentación con masa madre difiere en puntos importantes de la fermentación con levadura (que tratamos en profundidad en *Pan paso a paso*). Como vimos en el capítulo de introducción, una de las características esenciales del empleo de masa madre es que requiere una preparación previa, la de alimentar la masa, «refrescarla», aunque esto es matizable, como veremos más adelante. Además, las cantidades de masa madre que hay que emplear pueden variar muchísimo, lo que constituye una diferencia esencial respecto al uso de la levadura, ya que con levadura no suele ser recomendable usar grandes cantidades si lo que uno quiere es un pan de calidad, sabroso, aromático y de buena conservación.

¿Cuánta masa madre se puede usar?

El capítulo de fermentación presenta un gran abanico de posibilidades en cuanto a la cantidad de masa madre que se debe utilizar para levar el pan, y también en cuanto a las técnicas, tiempos empleados y maneras de hacer que eso cuadre con los horarios de alguien que no se dedica a la panadería profesionalmente.

Si visitas 10 panaderías, es posible que 9 hagan su pan de masa madre con una cantidad de fermento de entre el 15 y el 40 % sobre el peso de la harina. Esta es una cantidad intermedia habitual en nuestro entorno. Produce un pan que se puede fermentar en una jornada de trabajo (más aún si usas el frío para retrasar la fermentación, como veremos más adelante). El ritmo de trabajo es abarcable, y los momentos en los que has de hacer algo (plegar, formar, hornear) están separados por buenos ratos de reposo. El pan con una cantidad de masa madre intermedia que propongo, de hecho, es el que hago en casa como «pan de diario», una hogaza inmensa de 3 kg que al sacarla del horno te llenará de satisfacción.

Usar muy poca masa madre

Sin embargo, ¿hace falta tanta masa madre para hacer pan? Desde luego que no: se trata de una relación lineal entre el tiempo, la temperatura y la cantidad de masa madre. Si pones menos masa madre, tendrás que esperar más tiempo. En todo caso, a veces las circunstancias no las pones tú, sino que te vienen dadas, como al segundo pan del capítulo. Este pan está basado en el pan «Extreme» que ideó Dan Lepard para hacer en una panadería temporal que se montó dentro de unos contenedores de barco en el verano de 2012. En los contenedores hacía mucho calor y no había nevera para refrigerar la masa. Dadas esas circunstancias, la respuesta fue usar una parte muy pequeña de masa madre (apenas el 1 % sobre el peso de la harina) y confiar en que el tiempo y el calor estival hicieran su magia. Este pan puede ser un gran aliado para tu panificación estival.

¿Y cuál es el límite? ¿Cuál es el mínimo de masa madre que puedes usar? En realidad, si das el tiempo suficiente, puedes reducir la cantidad hasta límites insospechados. Los barrotes semiintegrales de aceitunas están inspirados en el método «*Respectus panis*», y la cantidad de masa madre que emplean no se mide en porcentaje, sino en partes por mil, apenas usa un 2 ‰ de masa madre sobre harina. Es un pan muy interesante para el entretiempo, ya que con unos 18-22 °C lo puedes sacar sin problemas.

¿Cuál es el límite de masa madre que puedo usar?

En el lado opuesto están los panes con gran cantidad de masa madre. Como veremos, en el mundo del centeno esta es una técnica habitual. Sirva como introducción el delicioso pan con semillas de girasol, que directamente tiene tanta masa madre como harina, en las antípodas de los panes anteriores. Pero ¿ese es el límite? ¡En absoluto! El pan con frutas de inspiración nórdica que propongo en este capítulo tiene 3 veces de masa madre por harina, y sigue siendo un pan inolvidable. En este caso, además de fermentar muy rápido (para ser de masa madre), la fuerza de sabor de esa cantidad de fermento se contrasta con una cantidad extraordinaria de frutas; es uno de los panes que más me gustan, crea adicción.

Hemos visto panes con una cantidad intermedia de masa madre, con una cantidad minúscula de masa madre y con cantidades ingentes de masa madre. Pero ¿se puede hacer un pan que sea solo masa madre? En panadería, la palabra «imposible» es mejor no mencionarla, ya que a menudo te llevas sorpresas. Por su naturaleza, la masa madre tiende a acidificarse, así que tienes que tener cuidado cuando haces un pan con mucha masa madre o, como en este caso, solo con masa madre, ya que puede resultar incomestible. Para dar una respuesta afirmativa a la pregunta, en el último pan del capítulo recurro a la avena, que tiene un comportamiento asombroso, ya que, en lugar de agriarse de forma desagradable, se transforma y adquiere unos matices lácteos muy delicados. Las tortitas de avena fermentada de este capítulo triunfan siempre que las hago, incluso entre gente con reticencias a la masa madre.

FERMENTACIÓN
Cantidad intermedia de masa madre

Cantidad intermedia de masa madre

Hogaza de 3 kilos (sin amasado)

Ingredientes

1.ª masa madre (fermenta por la noche)

12 g de masa madre
55 g de harina integral de centeno
55 g de agua a 30 °C

10-12 h después
2.ª masa madre (pronto por la mañana)

120 g de masa madre
120 g de harina integral de centeno
120 g de agua a 30 °C

Masa final

360 g de masa madre
750 g de harina de fuerza
750 g de harina integral de trigo
1.150-1.200 g de agua
27 g de sal

¿POR QUÉ ES INTERESANTE ESTA RECETA?

Muestra cómo hacer de forma sencilla un pan rústico clásico de gran conservación y que mejora con los días. Enseña a mezclar harinas, tanto en la madre como en la masa.

VARIACIONES

Prueba a usar harinas sabrosas, molidas a la piedra (también harina malteada, sarraceno, cebada, etc.) o semillas. Puedes tamizar la harina integral y tostar y escaldar el salvado (e incorporarlo otra vez) para obtener un gran sabor.

Aunque, como se ve en este capítulo, se puede hacer pan usando cantidades muy dispares de masa madre, la mayoría de las recetas de nuestro entorno y tradición emplean una cantidad intermedia, que suele estar entre el 15 y el 40 % de masa madre sobre el peso de harina. Este tipo de receta suele requerir un tiempo de fermentación a temperatura ambiente típico de una noche de obrador, aunque en esta receta se propone elaborarla de día cómodamente en casa. Este es el «pan de diario» en mi casa, el que hago habitualmente; me encantan las rebanadas enormes, jugosas y llenas de sabor a cereal.

Método

La noche anterior, prepara la primera masa madre y ferméntala a temperatura ambiente unas 10-12 h (en invierno intenta que fermente sin mucho frío, 18-20 °C como poco). A la mañana siguiente, pronto, prepara la 2.ª masa madre y, unas 3 h después, prepara el pan. Para la autolisis, una hora antes de que la masa madre esté lista, mezcla la harina y el agua de la masa final y deja que repose. Después, añade la masa madre y la sal, mezcla todo bien (1) y corrige el agua si tu harina absorbe mucha.

Déjalo reposar unos 30 min y pliega la masa, estirando suavemente hacia arriba y lanzándola hacia delante para que se enrolle (2). Da un total de cuatro pliegues separados cada uno por 30 min (esto ya son 2 h de fermentación). Acabado el cuarto pliegue, fermenta la masa de 2 a 3 h antes de formarla. Para el formado, enharina la mesa, vuelca la masa y pliégala en dos como un libro (3).

Forra el contenedor con un trapo y enharínalo bien. Transfiere la masa al contenedor (4) y estira de las esquinas hacia el centro para tensionarla. Deja que fermente otros 50-60 min.

Pasa la masa a una hoja de papel de hornear como si voltearas una tortilla de patatas: pon la hoja de papel de hornear y la bandeja como «tapa» del contenedor y dale la vuelta (5). Haz unos cortes en forma de rejilla (6).

Enhórnalo a 250 °C, calor arriba y abajo, con vapor durante 20 min (pp. 56-57), y luego baja a 210 °C y continúa otros 50-60 min más, ya que es una pieza muy grande.

Muy poca cantidad de masa madre (1%)

Pan inspirado en el «Extreme» de Dan Lepard

Ingredientes

- 5 g de masa madre activa (puedes utilizar cualquiera que tengas en uso)
- 350 g de harina de fuerza
- 200 g de harina panificable
- 50 g de harina integral de trigo
- 340-360 g de agua
- 10 g de sal

En el verano de 2012 Dan Lepard ideó este pan para las durísimas condiciones de fermentación en The Loaf in a Box, una panadería temporal que se instaló en unos contenedores de barco en San Sebastián. Esta receta responde a las necesidades de aquel momento: alta temperatura y falta de equipo de frío; resulta ideal para hacer pan en casa de forma sencilla en los meses cálidos. Usa apenas el 1 % de masa madre sobre el peso de harina. A pesar de la baja hidratación y la harina de fuerza, con esta técnica, el tiempo y el calor acaban ablandando la masa, que al final parece de mucha mayor hidratación.

Método

La tarde-noche anterior, mezcla todos los ingredientes, quedará una masa bastante seca (1). Amásala sobre la mesa unos 5-7 min, hasta que esté fina (2). Deja que fermente a unos 26-30 °C hasta la mañana siguiente.

Al día siguiente, habrá doblado con creces su volumen (3). Pásala a la mesa y, con sumo cuidado de no desgasificarla, pliégala desde fuera hacia dentro como si fuera un libro (4) y luego enróllala delicadamente formando un barrote (5).

Colócala en una tela enharinada con el cierre hacia arriba y deja que repose 1.30-2 h.

Pasa la masa a una hoja de papel de hornear con el cierre hacia abajo. Haz un corte longitudinal a lo largo de toda la pieza (6).

Enhórnalo a 250 °C, con calor arriba y abajo, y vapor durante 20 min (pp. 56-57), y luego baja a 210-220 °C y continúa otros 30-35 min más.

¿POR QUÉ ES INTERESANTE ESTA RECETA?

Muestra una técnica que no requiere mucha atención, ideal para los meses cálidos con noches tórridas. No precisa uso de nevera. Desafía la noción clásica de proporciones de masa madre y harina para una masa de pan común.

VARIACIONES

Puedes jugar con la fuerza de la harina y la hidratación hasta encontrar el punto que más te guste, pero ten cuidado de no comenzar con una masa muy blanda, ya que podría degradarse.

Una cantidad minúscula de masa madre

Barrotes semiintegrales de aceitunas (sin amasado ni formado)

Ingredientes

- 2 g de masa madre (puedes utilizar cualquiera que tengas en uso)
- 700 g de harina integral de trigo
- 300 g de harina panificable
- 700-720 g de agua
- 10 g de sal
- 150 g de aceitunas negras sabrosas deshuesadas

¿Cuál es la cantidad mínima de masa madre que se puede emplear? Las levaduras y bacterias solo necesitan tiempo para colonizar una masa, así que, si se lo proporcionas, la masa saldrá adelante. En este caso, la masa se deja a una temperatura ambiente intermedia (18-22 °C), lo que resulta muy cómodo y sencillo. El añadido de una buena cantidad de aceitunas (con su gran porcentaje en sal) y el largo reposo son una buena excusa para bajar la cantidad de sal añadida. Como hay muy poca masa madre (el 2 ‰ sobre el peso de harina), este tipo de recetas suele funcionar mejor si la masa es grande, por eso se propone un mínimo de 1 kg de harina: cuanta más, mejor.

¿POR QUÉ ES INTERESANTE ESTA RECETA?

Presenta una técnica minimalista de fermentación muy apta para el entorno casero. Plantea contemplar la naturaleza de los ingredientes (muy salados, muy dulces) y tenerla en cuenta para el desarrollo de la masa, por eso hay tan poca sal.

VARIACIONES

Añade también frutas secas y especias como cardamomo, hinojo o alcaravea. Mete la masa en un molde para tener rebanadas inolvidables. Usa una masa con harina más blanca para un pan de alveolatura más abierta, haz hogazas más grandes.

Método

Por la tarde, mezcla todos los ingredientes excepto las aceitunas; quedará una masa bastante pegajosa (1). Deja que la masa repose 20 min extiéndela sobre la mesa y reparte las aceitunas de forma homogénea (2). Pliega la masa sobre sí misma varias veces para que las aceitunas acaben de repartirse bien.

Deja que la masa repose 30 min y dale un pliegue (3), repite el pliegue pasados otros 30 min y deja que fermente unas 16-18 h.

Al día siguiente, vuelca la masa sobre la mesa formando un rectángulo. Pliégala sobre su lado largo sin desgasificarla, para que cobre un poco de cuerpo (4). Corta cuatro trozos iguales en forma de chapata (5) y pásalos a una tela enharinada con pliegues entre las piezas, para que reposen sin tocarse durante aproximadamente 1 h (6).

Enhórnalos a 250 °C, calor arriba y abajo, con vapor durante 5 min (pp. 56-57), luego baja la temperatura a 220 °C y continúa durante otros 20-25 min ya sin vapor.

Mucha cantidad de masa madre, tanta como harina

Pan de centeno con semillas de girasol

Aunque en nuestro entorno, en la cultura del trigo, es normal usar mucha más harina que masa madre al elaborar pan, en otras culturas es habitual usar una cantidad de masa madre mucho mayor. Más adelante dedicaremos un capítulo entero a ver las posibilidades de fermentar con masa madre de centeno, pero a modo de introducción he aquí un pan sencillo que usa tanta masa madre como harina.

Método

La noche anterior, prepara la masa madre e intenta que esté en un sitio tibio, lo más cerca de 24-26 °C que puedas. A la mañana siguiente, mezcla todos los ingredientes, salvo las semillas de girasol. Tiene que quedar un barro inamasable (1); corrige el agua si se queda seca. Trabaja la masa apretujándola con la mano unos minutos y finalmente incorpora las semillas, mezclando para que se integren homogéneamente (2). Deja que la masa repose 1 h.

Enaceita y enharina 2 moldes rectangulares de unos 20 cm de largo. Mojándote las manos en agua, divide la masa en dos partes iguales, intenta evitar que queden burbujas (formándola como un huso) y mete cada una en un molde (3). Con la mano o una cuchara bien mojada, aplana la superficie del pan (4) y decora con las semillas de girasol (5).

Fermenta la masa unas 2.30-3 h a unos 28-30 °C, hasta que veas grietas en su superficie y haya cobrado algo de volumen (no tiene que doblar) (6).

Enhórnalos a 250 °C, calor arriba y abajo, con vapor durante 10 min (pp. 56-57), y luego baja a 210 °C y continúa otros 40 min más. Saca los moldes del horno, deja que se enfríen 10 min y desmolda los panes. Déjalos reposar al menos 4-6 h (o hasta el día siguiente) antes de comerlos.

Ingredientes

Masa madre (la noche anterior)

- 20 g de masa madre activa (la que tengas en uso)
- 140 g de harina integral de centeno
- 140 g de agua a 35 °C

Masa final

- 300 g de masa madre de centeno
- 200 g de harina blanca de centeno (o integral tamizada)
- 100 g de harina panificable
- 240-260 g de agua a 40 °C
- 15 g de melaza oscura o miel
- 15 g de sal
- 150 g de semillas de girasol tostadas (más otros 30 g para decorar)

¿POR QUÉ ES INTERESANTE ESTA RECETA?

Muestra cómo se puede fermentar con una cantidad enorme de masa madre y es una primera introducción a los panes de centeno. Presenta unos sabores clásicos que reconocerás si eres aficionado al pan del centro y norte de Europa.

VARIACIONES

Añade semillas de lino; remójalas de víspera, lo que aportará sabor, jugosidad y estructura. Añade especias: alcaravea, hinojo o anís. Baja la hidratación y haz una gran hogaza (puedes fermentarla en un bol forrado con un trapo bien enharinado).

Muchísima masa madre; tres veces de madre por harina

Pan de frutas nórdico

Ingredientes

Masa madre (la noche anterior)

50 g de masa madre activa (la que tengas en uso)

275 g de harina blanca de centeno (o integral tamizada)

275 g de agua a 35 °C

Masa final

600 g de masa madre de centeno

200 g de harina de fuerza

150 g de agua a 40 °C

10 g de sal

1 cdta. de cardamomo molido

150 g de higos secos

150 g de orejones

150 g de pasas de uva

¿POR QUÉ ES INTERESANTE ESTA RECETA?

Muestra cómo incluso cantidades extremas de masa madre pueden dar resultados increíbles, en este caso con un sabio empleo de las frutas y las especias. El formado es bastante laxo, se podría omitir perfectamente y dejar que la masa se expresase tal cual.

VARIACIONES

Añade frutos secos para que el mordisco sea aún más inolvidable. Aligera un poco la masa reduciendo la cantidad de frutas y sustituyendo parte del centeno por más harina de fuerza.

La panadería nórdica a menudo emplea procesos y cantidades que son sorprendentes a ojos del sur de Europa. Este pan usa el triple de madre que de harina, y en la masa final hay casi tanta fruta seca como harina. La potencia de sabor que aporta la masa madre se compensa por el dulzor de la fruta, mientras que el cardamomo acaba de redondear el increíble aroma. Con esa cantidad de masa madre, es un pan relativamente rápido. Además, es un pan de «formado laxo», algo que no es raro en la panadería nórdica: la belleza está en el interior.

Método

La noche anterior, prepara la masa madre e intenta que esté en un sitio tibio, lo más cerca de 24-26 °C que puedas. A la mañana siguiente, mezcla todos los ingredientes salvo las frutas. Tiene que quedar algo como un barro (1); corrige el agua si se queda seca. Trabaja la masa apretujándola con la mano unos minutos y finalmente incorpora las frutas, mezclando para que se integren homogéneamente (2). Deja que la masa repose 1 h.

Vuelca la masa sobre la mesa enharinada. Extiéndela como un rectángulo y enróllala formando un barrote incorporando mucha tensión (3 y 4). Ponlo a fermentar sobre una tela enharinada, usando algo en los lados para que haga de tope y mantenga la forma (5).

Fermenta la masa unas 2.30-3 h, hasta que haya ganado algo de volumen. Vuelca la masa sobre una hoja de papel de hornear y déjala que caiga 1 min o 2 para que se abran grietas que guíen su expansión en el horno (6).

Cuécelo a 250 °C, calor arriba y abajo, con vapor durante 10 min (pp. 56-57), y luego baja a 210 °C y continúa otros 40 min más. Deja que el pan repose al menos 4 h antes de abrirlo. Mejora mucho con el tiempo.

Un pan que es solo masa madre

Tortitas de avena fermentada

Ingredientes

5 g de masa madre activa
100 g de copos de avena
275 g de agua a 30 °C
5 g de impulsor químico (Royal)
aceite o mantequilla para la sartén

¿POR QUÉ ES INTERESANTE ESTA RECETA?

Cuestiona el límite en relación con la cantidad de masa madre que hay que usar e invita a investigar los límites en cuanto a procesos. Además, introduce el uso de un cereal poco empleado en panadería, mostrando la idea de que cada cereal se comporta de una manera distinta (algo que se trata en el libro a través de panes de trigo, trigo duro, centeno, maíz o avena).

VARIACIONES

Puedes omitir el impulsor, la textura será más húmeda, o bien añadir un huevo batido (y corregir el agua) y la textura será más de tortita tradicional esponjosa. Juega con distintas grasas para la sartén —mi favorita es la mantequilla porque potencia el gusto lácteo de la avena—, pero puedes usar desde aceites hasta manteca de cerdo para darle un perfil distinto.

¿Cuál es la cantidad máxima de masa madre que puede llevar un pan? ¿Se puede comer masa madre? Este pan plano da una sorprendente respuesta a esas preguntas, ya que no es más que una masa madre pasada por la plancha (en este caso, con el añadido opcional de un impulsor para ganar algo de esponjosidad). El truco está en la avena. Este cereal se comporta de una manera especial cuando la fermentas y, en lugar de la acidez típica que produce la harina de trigo o centeno, la avena adquiere un delicado dulzor lácteo, menos penetrante. El mundo del pan tiene fronteras difusas, ya que en Estonia existe la tradición de consumir porridge de avena fermentada, un extraño pan líquido.

Método

La noche anterior, bate los copos de avena con el agua varios minutos, hasta que quede una pasta lo más fina posible (1). Añade la masa madre, revuelve bien y deja que fermente toda la noche en un lugar sin frío (de 22 a 24 °C).

Al día siguiente la masa estará mucho más espesa, se habrá esponjado algo y su sabor será delicadamente ácido, con un nítido regusto lácteo. Añade el impulsor y revuelve suavemente con las varillas para que se incorpore de forma homogénea (2).

Calienta una sartén antiadherente al fuego (el 7 en una escala de 0 a 9) y engrásala ligeramente. Usa un cucharón de sopa para pasar la masa a la sartén, haciendo tortitas de unos 50-60 g (3). Las tortitas se esponjarán y les saldrá alguna burbuja (4). Deja que se hagan cerca de 2 min por un lado, dales la vuelta con una espátula (5) y tenlas el mismo tiempo por el otro lado. Cuando estén listas, déjalas tapadas para que no pierdan la humedad.

Su textura es jugosa, con una tenacidad intermedia (6). Son ideales para el desayuno.

Dr. Pan: fermentación con masa madre

El pan me queda ácido

Esta es una de las quejas más habituales cuando comienzas a hacer pan de masa madre, ya que aún no controlas los procesos. El pan puede quedar ácido por varios motivos. El principal es que la masa madre no estaba lista, y esto suele ir acompañado de una falta de volumen y una densidad excesiva de la miga. Además, el alveolado suele ser muy pobre, con poco desarrollo de las burbujas en la masa de pan y mucha miga demasiado gelatinosa.

Otra posibilidad puede ser que te hayas pasado de fermentación en el pan. La sobrefermentación suele ir acompañada de una pérdida de volumen del pan al ir a meterlo al horno. La solución es controlar más la fermentación, tener cuidado con la temperatura (sobre todo en verano).

Dependiendo de cómo hayas hecho el pan, otra posibilidad es que el proceso en sí haya favorecido el exceso de acidez. Por ejemplo, el uso de la nevera tiende a dar panes más ácidos si no se controla muy bien (intenta que la masa haya arrancado bien la fermentación antes de entrar en la nevera). Por otro lado, el uso de harinas integrales puede también dar como resultado panes más ácidos; vigila las harinas y prueba a hacer un pan similar pero en blanco, para ver si estaba ahí el problema.

La masa no sube

La fermentación es a la vez un tema complejo pero muy simple. En esencia, es el equilibrio entre la cantidad de harina con la que has alimentado la masa madre y, por otro lado, el tiempo y la temperatura de fermentación. Es decir, si un pan lleva poca masa madre, le costará más fermentar. El mismo pan en verano fermentará más rápido y en invierno más lento. Por eso es tan importante controlar la temperatura, para eliminar una variable. Concéntrate en la temperatura.

Otra cuestión importante es preparar bien la masa madre. Por ejemplo, si le has dado varios refrescos a la masa madre, pero antes de comenzar un nuevo refresco la masa madre no estaba bien madura, eso hará que esa «pereza» se acumule en el siguiente refresco, y si con ese refresco no bien completado haces el pan, pues notarás que no fermenta bien. Y el problema en realidad no está en la fermentación del pan, está varios pasos atrás, en el primer refresco de tu masa madre.

La corteza queda muy gruesa

Aquí hay varias cosas. Por un lado, si estás acostumbrado a hacer pan con levadura, notarás que la levadura y la masa madre suelen conseguir diferencias en algunos aspectos del pan. Depende de cómo la uses, la levadura a veces produce una corteza más fina, más abarquillada (piensa en una baguete), mientras que la masa madre suele hacer una corteza algo menos sutil, con más cuerpo. Así que tal vez haya una cuestión de expectativas. No obstante, en el fondo está la fermentación de la masa (y tal vez la cocción). Piensa que el pan en sí no tiene una corteza independiente (como pasa en algunos quesos, a los que se les pone una capa de cera, plástico, ceniza, etc.). La corteza del pan no es más que la miga que se seca y tuesta en el exterior. A menudo una mala corteza no es más que la consecuencia de una mala miga. Concéntrate en fermentar bien el pan, que suba y quede esponjoso (dale más tiempo), y verás que la corteza mejora.

Por último, hay ingredientes y métodos que pueden favorecer una corteza gruesa y correosa. Las harinas con mucha fuerza tienden a hacer cortezas menos crujientes: no abuses de la harina de fuerza. Prueba a hacer pan con harina floja. La cocción es esencial, concéntrate en dar un golpe de humedad al comienzo del horno y acabar la cocción con el horno bien seco. Para eso es interesante usar el ventilador en la segunda parte de la cocción (para no tostar en exceso el pan, puedes bajar unos 20 °C de la temperatura indicada para la cocción con resistencia).

La miga queda muy gelatinosa

Esto suele ser consecuencia de una fermentación insuficiente; te falta o fuerza de la masa madre o tiempo de fermentación o temperatura (o todas esas cosas). La harina de fuerza a veces también tiene este efecto, así que baja la fuerza de tu harina. El uso de nevera también puede contribuir. Prueba a hacer el mismo pan sin pasar por la nevera.

Me cuesta formar el pan, la masa está muy blanda

Puede que a la masa le falte algo de amasado o bien le falten pliegues durante la fermentación para que cobre estructura. Tal vez la masa tenga demasiada agua para la harina que estás usando. Como pregunta un poco tonta: ¿has olvidado la sal?

El pan se me desmorona al ir a meterlo al horno, se desinfla

Tiene toda la pinta de que te has pasado de fermentación. Esto puede incluso pasar usando la nevera, si es que tu pan entró con mucha fuerza fermentativa y temperatura en la nevera. También puede que el formado haya sido defectuoso, le faltaba intensidad. Puede que en la primera fermentación hubieran hecho falta más pliegues o más amasado. Tal vez la harina era muy floja para ese proceso en concreto.

La masa madre: creación, uso y conservación

Introducción general sobre pan

1. **Amasado e hidratación**

2. **Fermentación**

3. FERMENTACIÓN MIXTA

4. **Centeno**

5. **Nevera**

6. **Cocción**

7. **Proyecto de fin de curso**

8. **Fuera de programa: masas dulces**

Apéndices y extras

Presentación

Aunque la masa madre es un sistema milenario para fermentar pan, y sin más que harina y agua (y sal, si te apetece) puedes hacer grandes panes, también se puede emplear combinada con levadura, lo que ofrece otras posibilidades en cuanto a tipo de elaboración, tiempos y resultados (y puede responder a algunas necesidades especiales).

Pan «de masa madre»

Las comillas del epígrafe bajo el que están estas palabras hacen referencia a la triste realidad de que hoy en día bajo la denominación «pan de masa madre» se puede vender pan que no solo es de masa madre. Y no solo por gente sin escrúpulos que da gato por liebre, sino porque la legislación española permite que un pan elaborado con masa madre y con hasta un 0,2 % de levadura sobre el peso de harina se denomine «de masa madre». Y ese es justo el pan que abre este capítulo. Es una receta sencilla y fácil de memorizar, ya que casi todas las cifras relevantes llevan un 2: el 20 % de masa madre, el 20 % de harina integral, el 0,2 % de levadura. Es un pan bastante típico en el entorno profesional, ya que a muchos panaderos les ofrece una sensación de seguridad y de que su producción va a ser siempre homogénea.

Un pan que fermenta en minutos

La máxima esencial de la panadería de calidad es que el pan tiene que fermentar lentamente. Y es cierto, así se hacen grandes panes. Sin embargo, si fermentas previamente una gran parte de la harina (en forma de masa madre), de manera que ya aportas abundantes aromas y sabor, puedes jugar con el tiempo. El pan de la p. 99 lo he hecho durante años en los cursos que doy, cuando no tengo tiempo y debo «meter con calzador» los panes en un horario dado. Con el tiempo he ido afinando la receta, y a día de hoy es un pan cuya fermentación se mide en minutos, no en horas: el truco es que tiene una gran cantidad de centeno, lo que da sabor, aroma y conservación. Hace unas páginas comentábamos cómo la palabra «imposible» no se lleva muy bien con la panadería, y este pan es un gran ejemplo (los manuales de panadería alemana están llenos de elaboraciones como esta).

Masa madre de otra manera

Es buena idea tener masa madre seca en casa, como «copia de seguridad» por si le pasa algo a tu masa madre, y también para usarla como aromático, tanto en panes como en dulces. El pan que te propongo en la p. 101 se llama directamente «rosca de mentirijillas», ya que es un pan de levadura que solo tiene masa madre como agente aromático. Paradójicamente, esta técnica ha sido empleada durante años por la industria, confundiendo al consumidor. En casa, y siempre que entiendas lo que estás haciendo, es un buen recurso cuando no tienes tiempo y quieres aportar algo más a un pan sencillo de levadura.

Combinando fermentos

Como hemos visto en los panes anteriores, el uso de masa madre se puede combinar con el uso de levadura, siempre que tengas claro qué estás haciendo y por qué lo estás haciendo. Por ejemplo, por una necesidad temporal o por una cuestión de gusto. Al combinar un fermento de levadura con una masa madre de cultivo, los dos fermentos aportan sus características. Tienes la miga húmeda y jugosa de la masa madre, un mayor aporte de aromas, pero también una corteza algo más delicada, típica de la levadura, y puedes llegar a un mayor volumen y esponjosidad, si es lo que persigues. La torta de aceite que presento es en realidad una base, puedes añadir aceite en la masa, «focaccizarla», incorporar ingredientes sabrosos como tomate seco, aceitunas, cebolla, tanto dentro como por fuera de la masa. Incluso puedes formar la masa como si fuera una hogaza y sorprenderte con el resultado.

La levadura al rescate

Aunque este libro está pensado para hacer un uso planificado de la masa madre de modo que no haya restos de masa madre ni descartes, siempre es interesante saber que, incluso con unos restos de masa madre bastante degradados (que no harían un gran pan de masa madre por su cuenta), puedes aprovechar para hacer un pan delicioso, rápido y muy llamativo. Utilizar un ingrediente que aporte sabor, color y aroma es un gran truco para camuflar un defecto, como en este caso sería el uso de una masa madre que no esté en su mejor momento. La algarroba es un buen aliado; a partir del 10 % sobre el peso de harina, tiñe por completo la masa, aportando un aroma embriagador. Además, su harina conserva algo de la capacidad emulgente de las semillas de garrofín, por lo que actúa como un inesperado mejorante de la masa. Anímate a usarla en tus panes y piezas de bollería.

FERMENTACIÓN MIXTA
Masa lenta con aporte mínimo de levadura

Masa lenta con aporte mínimo de levadura

Pan del 2

Ingredientes

100 g de masa madre activa*
400 g de harina panificable
100 g de harina integral de trigo
340-360 g de agua
10 g de sal
1 g de levadura fresca (aprox. 1 garbanzo) o 0,3 g de levadura seca (1/3 de cdta.)

*Consulta el capítulo de introducción para ver las posibilidades (p. 20).

Esta es una receta de masa lenta, que fermenta al ritmo de la masa madre, pero con el añadido de esponjosidad de la levadura (o que te puede ayudar en circunstancias difíciles, si hace frío, si tu masa madre no está al 100 %...). Es habitual en panadería comercial, tanto que según la norma española de calidad del pan de 2019, este pan puede denominarse «pan de masa madre», ya que contiene solo el 0,2 % de levadura sobre el peso de harina. Como ventaja, es fácil de recordar porque todo se rige por el 2 sobre el peso de harina: 20 % de masa madre, 0,2 % de levadura y 20 % de harina integral.

Método

Para este pan usaremos apenas 1 g de levadura fresca, equivalente a un garbanzo (1). Mezcla todos los ingredientes, quedará una masa algo pegajosa, pero con cuerpo (2). Amasa sobre la mesa durante unos 5 min (3). O bien puedes hacer dos o tres tandas de 1 min de amasado y 5 de reposo. Pliega la masa al cabo de 1 h (4).

Fermenta 3 h y forma una hogaza intentando no desgasificar. Lleva los extremos hacia el centro creando algo de tensión (5) y finalmente coloca la masa en un bol forrado con un trapo bien enharinado (6). Deja que la masa fermente 30-60 min y métela en la nevera (envuelta en una bolsa o recipiente hermético para que no se seque). Deja que fermente 12-16 h en frío.

Al día siguiente, vuelca la masa sobre una hoja de papel de hornear y dale unos cortes. Si la masa está más bien joven, dale un único corte para que se abra; si está bien fermentada, puedes hacer un corte de 4 trazos en cuadrado, en rombo o bien en una rejilla, como en este caso.

Enhorna el pan a 250 °C, calor arriba y abajo, con vapor durante 20 min (pp. 56-57), luego baja la temperatura a 210 °C y continúa durante otros 35-40 min ya sin vapor.

¿POR QUÉ ES INTERESANTE ESTA RECETA?

Presenta un pan clásico en la panadería comercial y enseña un uso comedido de la levadura, que respeta la presencia de masa madre. Aplica el uso de la nevera para que sea un pan cómodo de realizar en casa. Es una receta fácil de llevar en la cabeza.

VARIACIONES

Puedes aumentar un poco la cantidad de levadura y hacerla sin nevera. La propuesta de harina es abierta: haz este pan en integral o con frutos y frutas; es una gran base para ir adaptándola.

FERMENTACIÓN MIXTA
Pan rapidísimo: mucha masa madre y levadura

Pan rapidísimo: mucha masa madre y levadura

Centeno aromático con higos e hinojo

Ingredientes

Escaldado (la noche anterior)
50 g de harina clara de centeno
100 g de agua hirviendo
1 cdta. de hinojo molido

Masa madre (la noche anterior)
20 g de masa madre activa
190 g de harina integral de centeno
190 g de agua a 35 °C

Masa final
150 g de escaldado
400 g de masa madre de centeno
150 g de harina semiintegral de centeno
200 g de harina integral de trigo
250-280 g de agua a 40 °C
150 g de higos secos
12 g de sal

¿POR QUÉ ES INTERESANTE ESTA RECETA?
Muestra una manera de hacer buen pan a una velocidad que se mide en minutos, no en horas. Presenta el concepto de escaldado aromático, muy versátil en muchas masas.

VARIACIONES
Puedes bajar la cantidad de levadura y aumentar el tiempo (u omitirla por completo, fermentará en menos de 3 h). Cambia los higos por semillas (lino, girasol, calabaza, amapola, sésamo, etc.).

¿En cuánto tiempo se puede fermentar un pan de masa madre? Cuando no tienes tiempo, un truco muy bueno es que una parte importante de la harina vaya fermentada previamente. Este es un estilo de pan que encuentras en manuales alemanes de panadería, ya que es un recurso típico en pan comercial. Durante años lo he hecho cientos de veces dando cursos, cuando el tiempo es muy limitado: con la técnica adecuada, el resultado para este pan rápido es asombroso.

Método

La noche anterior, prepara el escaldado, vertiendo agua hirviendo sobre la harina y el hinojo recién molido (1) y deja que repose tapado a temperatura ambiente. Mezcla también los ingredientes de la masa madre e intenta que esté en un sitio tibio, lo más cerca de 24-26 °C que puedas.

A la mañana siguiente, mezcla todos los ingredientes salvo los higos secos. Tiene que quedar un barro denso (2); corrige el agua si la masa queda seca. Trabájala apretujándola con la mano unos minutos e incorpora los higos secos, cortados en trozos mezclando para que se integren homogéneamente.

Enaceita y enharina 2 moldes rectangulares de unos 20-22 cm de largo. Mojándote las manos en agua, divide la masa en dos partes iguales, intenta evitar que queden burbujas (formándola como un huso) y mete cada una en un molde (3). Con una cuchara bien mojada, aplana la superficie del pan (4) y espolvorea con harina, que te servirá de guía (5).

Ten el horno preparado, ya que el pan fermentará en apenas 40 a 55 min, hasta que la harina de la superficie aparezca llena de pequeñas grietas (6).

Enhórnalos a 250 °C, calor arriba y abajo, con vapor durante 10 min (pp. 56-57), y luego baja a 210 °C y continúa otros 40 min más. Saca los moldes del horno, deja que se enfríen 10 min y desmolda los panes. Déjalos reposar al menos 4-6 h (o hasta el día siguiente) antes de comerlos.

Pan de levadura con masa madre en polvo como agente aromático

Rosca de mentirijillas con sésamo

Ingredientes

- 100 g de masa madre seca (idealmente de centeno)
- 250 g de harina integral de trigo (mejor molida a la piedra)
- 200 g de harina panificable
- 390-420 g de agua (tibia en invierno, fresca en verano)
- 40 g de sésamo tostado
- 10 g de sal
- 5 g de levadura fresca o 1,5 g de levadura seca

Una de las aplicaciones de la masa madre seca (además de conservarla, viajar con ella cómodamente o tener una reserva de emergencia) es usarla como aromático cuando no puedes ponerte a refrescar la masa madre. En ese sentido, este es un pan de levadura aromatizado. Por desgracia, esta ha sido una de las trampas típicas de la industria, que usando una madre seca intenta colar al consumidor este pan como si fuera de masa madre. Procura usar una masa madre muy sabrosa, por ejemplo de centeno integral y secada cuando estaba muy madura, con un fuerte sabor y acidez.

¿POR QUÉ ES INTERESANTE ESTA RECETA?

Muestra una aplicación distinta de la masa madre, como si fuera una especia, no con intención de fermentar. Además, presenta una elaboración tradicional asequible gracias a los pliegues.

VARIACIONES

Ya que es un pan sin fermentación por masa madre, esta receta intenta usar harinas sabrosas, integrales, para aportar un sabor a cereal, pero puedes usar una mezcla algo más ligera. Obviamente, el cambio esencial sería ponerle a esta receta masa madre de verdad.

Método

Mezcla todos los ingredientes bien en el bol, apretujando la masa con las manos durante un par de minutos; quedará una mezcla algo húmeda y pegajosa (1). Déjala reposar unos 15 min para que los ingredientes se cohesionen.

Pliega la masa, estirando suavemente y plegándola sobre sí misma, gira el bol 90° y repítelo (2). Espera 30 min y da un 2.º pliegue. Vuelve a repetir el descanso y pliegue otras 2 veces, separadas por 30 min cada vez, hasta completar 4 pliegues en aproximadamente 2 h. La masa irá ganando cuerpo y finura.

Espera otra hora más y bolea la masa muy suavemente sobre la mesa enharinada. Trae los bordes de la masa hacia el centro (como para formar un hatillo) y dale un poco de tensión (3), pero sin desgasificarla.

Deja la masa reposando en una tela muy enharinada. Espera 60 min y haz un agujero en el centro de la masa, metiendo dos dedos y estirando suavemente para agrandar el agujero (4). Transfiere la rosca a una hoja de papel de hornear (5) y dale cuatro cortes (6).

Enhórnala a 250 °C, calor arriba y abajo, con vapor durante 10 min (pp. 56-57), y luego baja a 220 °C y continúa otros 30 min más.

FERMENTACIÓN MIXTA
Fermentación con masa madre y poolish

Fermentación con masa madre y poolish

Torta de aceite (sin amasado)

Ingredientes

Masa madre
50 g de harina panificable
50 g de agua
3 g de masa madre activa

Poolish
50 g de harina panificable
50 g de agua
0,2 g de levadura fresca (menos de 0,1 g de levadura seca)

Masa final
100 g de masa madre
100 g de poolish
500 g de harina panificable
370 g de agua
10 g de sal

aceite de oliva virgen y sal para el acabado

La masa madre se puede mezclar tanto con levadura como con un fermento hecho de levadura, todo depende de tus necesidades y el efecto que quieras conseguir. Te puede interesar añadir un fermento con levadura para aportar velocidad o bien algunas de las características normalmente asociadas a los panes de levadura (mayor esponjosidad, corteza más delicada, etc.). Este es un recurso útil para aprovechar fermentos o para dar un punto distinto a algunas elaboraciones, ya que cada fermento aporta sus matices.

Método

La noche anterior, prepara el poolish y la masa madre e intenta que fermenten toda la noche en un ambiente que no sea frío (cerca de 22-24 ºC). A la mañana siguiente, mezcla la harina y el agua de la masa y déjala reposando unos 40-60 min a modo de autolisis (facilitará el amasado y mejorará el comportamiento de la masa). Finalmente, mezcla los fermentos (1) con la masa en autolisis y la sal. Quedará una masa muy pegajosa (2). Deja que repose 10 min antes de manipularla.

Pliega la masa, estirando suavemente y plegándola sobre sí misma, gira el bol 90º y repítelo (3). Espera 20 min y da un 2.º pliegue. Vuelve a repetir el descanso y pliegue otras dos veces, separadas por 20 min cada vez, hasta completar 4 pliegues. La masa irá ganando cuerpo y finura.

Fermenta 2.30 h más y pasa la masa con delicadeza a una bandeja untada con bastante aceite de oliva; puedes usar una hoja de papel de hornear si temes que la masa se pueda pegar (4 y 5). Si está muy floja, pliégala con mucha delicadeza.

Deja que la masa repose 60 min, úntala con aceite por encima y estírala hacia los bordes de la bandeja hundiendo los dedos en la masa y traccionando hacia fuera (6). Espera 30 min y repite el estirado. Espolvorea un poco de sal gruesa por encima y cuécela.

Enhórnala a 250 ºC, calor arriba y abajo, con vapor durante 10 min (pp. 56-57), y luego baja a 220 ºC y continúa otros 30 min más.

¿POR QUÉ ES INTERESANTE ESTA RECETA?
Muestra que es posible combinar fermentos y conseguir que cada uno aporte sus virtudes. Invita a jugar con los distintos métodos de fermentación.

VARIACIONES
Esta masa es un lienzo en blanco de la familia de la torta de aceite, cocas de pan y focaccia; puedes convertirla en un almuerzo si añades ingredientes sustanciosos.

Pan con restos de masa madre

Barritas de algarroba

Ingredientes

100 g de masa madre
360 g de harina panificable
50 g de harina de algarroba
260-280 g de agua
8 g de sal
4 g de levadura fresca
  o 0,3 g de levadura seca

Aunque en el libro se plantean siempre procesos para evitar los descartes de masa madre, es probable que, si haces pan con masa madre a menudo, alguna vez tengas restos sin un fin claro. Esta receta presenta un pan muy atractivo que puedes llevar a una comida especial: aunque la masa madre no esté en su mejor momento, solo actuará de aromático para dar un fondo, pero la levadura llevará la voz cantante.

Método

Puedes usar cualquier resto de masa madre que tengas (sólida, líquida, de centeno, etc.). Aunque esté algo pasada y ácida, la rápida fermentación disimulará los defectos.

Mezcla primero las dos harinas para que el color de la algarroba se distribuya homogéneamente. Junta todos los ingredientes en el bol, quedará una masa pegajosa, pero con cuerpo (1). Deja que repose 10 min. Luego, amasa 7-10 min hasta que la masa esté fina (2).

Fermenta 2.30 h, hasta que la masa haya aumentado notablemente su volumen (3). Extiende la masa (sin desgasificarla) sobre la mesa enharinada y forma un rectángulo (4). Corta cuatro partes iguales (5) y estíralas formando barritas. Colócalas sobre una hoja de papel de hornear (6). Deja que fermenten de 1 a 1.30 h, hasta que estén bien esponjosas y la marca de la presión de tu dedo apenas vuelva.

Enhórnalas a 250 °C, calor arriba y abajo, con vapor durante 5 min (pp. 56-57), y luego baja a 220 °C y continúa otros 20-25 min más.

¿POR QUÉ ES INTERESANTE ESTA RECETA?

Plantea el aprovechamiento de restos o descartes de masa con una receta sencilla, rápida y resultona. Muestra el uso de harinas alternativas, como la de algarroba, para añadir una nota de color e interés a la masa. A partir del 10 % de harina de algarroba, la masa cobra un hermoso color marrón.

VARIACIONES

Puedes usar la masa sin cortar para hacer una torta cuadrada y ponerle ingredientes dulces, como pepitas de chocolate o avellanas, y presentarla para una merienda o bufet. Haz palitos más finos y cuécelos más tiempo, a modo de grissinis.

La masa madre: creación, uso y conservación

Introducción general sobre pan

1. **Amasado e hidratación**

2. **Fermentación**

3. **Fermentación mixta**

4. CENTENO

5. **Nevera**

6. **Cocción**

7. **Proyecto de fin de curso**

8. **Fuera de programa: masas dulces**

Apéndices y extras

Presentación

El centeno es una gran escuela de masa madre. Debido a sus características especiales, este cereal ha hecho que, allá donde su consumo es habitual, hayan florecido distintos sistemas de fermentación para dar respuesta tanto a las necesidades del cereal como a las de los hombres y mujeres que lo trabajan. Por un lado, se suele emplear una masa madre más ácida para contrarrestar la actividad enzimática de la harina (del mismo modo, algunos panes de centeno llevan niveles altos de sal comparados con los de trigo). Por otro lado, los ritmos de trabajo en los obradores han hecho que se desarrollen distintos sistemas para fermentar pan que puedan adaptarse a todos los gustos, y esto es una bendición para el panadero casero, ya que hay donde escoger.

El centeno y la disciplina

Hace años, dando cursos, me di cuenta de que a menudo la gente tenía problemas con el pan de centeno: les quedaba denso y pesado, cuando el pan de centeno es de las experiencias más increíbles del mundo de la panadería. Así que me propuse hacer una receta que obligase a seguir unos pasos que es conveniente no saltarse cuando empiezas con el centeno. El pan «automático» es un pan sencillo pero que requiere constancia. Da varias claves en las que profundizaremos más adelante, pero sobre todo requiere atención a los tiempos y a la temperatura. El resultado es un pan de centeno aromático y jugoso, de miga tan abierta que parece de trigo.

Masa madre y sal

Uno de los grandes mitos del mundo del pan es aquello de que «la sal mata la levadura», un dicho que se oye y se lee bastante. En realidad, la cantidad de sal que lleva el pan no mata la levadura, pero sí tiene sus efectos, dependiendo del tipo de masa. En la escuela alemana de panadería hay una manera tradicional de preparar masa madre que paradójicamente se hace con sal, con el objetivo de controlar un poco más la masa madre y de que ofrezca al panadero un margen temporal más amplio para preparar sus panes. Este sistema propone una larga fermentación que es muy cómoda de llevar a cabo en casa. En alemán, fermentar la masa madre se dice directamente «agriar» o «acidificar» la masa madre, *sauer* es agrio en alemán; este sistema se conoce como *Salzsauer*.

Escuela de masa madre

En las zonas de Europa donde abunda el centeno, el catálogo de variedades de pan de centeno es asombroso. Una constante es la mezcla del centeno con trigo en proporciones variables (históricamente, estas proporciones dependerían de lo boyante de la situación y de cómo hubiera sido la cosecha del trigo). El pan de mezcla o morcajo, *Mischbrot* en alemán, es uno de mis panes favoritos, ya que combina el aroma embriagador del centeno con un poco de la esponjosidad del trigo. Es el pan de diario para millones de europeos (y probablemente mi pan favorito, si tuviera que escoger uno). La versión propuesta es una mera excusa para exponer el sistema tradicional de varias fermentaciones, en las que en cada refresco la masa madre tiene una consistencia diferente (sólida primero, líquida después) y se fermenta durante un tiempo y una temperatura distintos, para conseguir así que en cada paso se trabaje para que el pan brille. En la primera fermentación de la masa madre, en sólido, se intenta crear una acidez potente que evite cualquier problema en la estructura final del pan, y en el último refresco se sube la hidratación y la temperatura de la masa buscando suavizar los sabores y aromas, y buscando un toque más láctico y civilizado.

Masa madre para macerar aromas

La masa madre pasa largas horas fermentando. Esta es una gran oportunidad para macerar especias y conseguir así una auténtica bomba de sabor para el pan. Los bollos tiernos de centeno y avena de este capítulo son una elaboración de una esponjosidad y ternura sorprendentes. Además de la masa madre aromatizada, se presenta una variación del uso del agua para tratar ingredientes en la masa (además del remojo y el hervor), el escaldado a baja temperatura, que consigue un gran dulzor y jugosidad.

El rey del centeno

Los panes de centeno son muy variados en sus ingredientes, texturas y formatos, aunque a veces tengamos la idea de que son siempre densos y pétreos. Tal vez el pan de estilo danés, lleno de granos de centeno y semillas, sea el responsable de una de las ideas más extendidas de pan de centeno. Esto es un pan que desafía el concepto de pan, ya que no se hace solo con harina, sino con los propios granos del cereal. Si están enteros, hay que hervirlos más de una hora hasta que queden tiernos; si se emplean rotos (como es muy habitual encontrarlos en los países del centeno) bastará con escaldarlos con agua hirviendo. Una rebanada de este pan ofrece una sensación inolvidable, nutritiva y telúrica. En este caso, el centeno también ofrece una variación en la hidratación de la masa madre, usando el doble de agua que de harina, lo que favorece la fermentación, algo interesante en climas fríos.

Masa madre en varios pasos

Pan de centeno «automático»

Ingredientes

1.ª masa madre (la noche anterior)

10 g de masa madre activa (la que tengas en uso)

85 g de harina integral de centeno

85 g de agua a 40 °C

2.ª masa madre (a primera hora de la mañana)

180 g de masa madre (la 1.ª)

180 g de harina integral de centeno

180 g de agua a 40 °C

Masa final

490 g de masa madre (la 2.ª)

490 g de harina blanca de centeno

470-490 g de agua a 40 °C

40 g de melaza oscura o miel

16 g de sal

¿POR QUÉ ES INTERESANTE ESTA RECETA?

Es una introducción al mundo y las tradiciones de fermentación del centeno. Usa un sistema muy sencillo, fácil de asimilar y recordar. Invita al lector a contemplar la necesidad de seguir un proceso más que una receta.

VARIACIONES

Añade semillas, frutas secas, especias o elementos dulces como el chocolate o las frutas confitadas. Si tienes prisa, puedes añadir unos 15 g de levadura fresca a la masa final y fermentarlo en apenas 45-50 min.

El centeno es un cereal que esconde un infinito tesoro de sabor, aroma y textura. Por desgracia, si lo tratas como si fuera trigo el resultado a veces es mediocre. Este pan ofrece una introducción sencilla al pautado mundo del centeno, donde el control del tiempo y la temperatura son la clave. Siguiendo los pasos el éxito está asegurado, es automático. El uso de harina blanca de centeno crea una miga sorprendentemente abierta para ser un pan 100 % centeno.

Método

La noche anterior, prepara la primera masa madre, e intenta que fermente toda la noche en un sitio tibio, lo más cerca de 24-26 °C que puedas. A primera hora del día siguiente, mezcla la segunda masa madre (alimentándola con lo que llevabas de la primera), poniendo atención a mantener la temperatura; intenta que fermente cerca de los 30 °C.

Tres horas más tarde, mezcla los ingredientes de la masa final. El resultado será un barro inamasable (1); corrige el agua si queda seca. Deja que la masa repose 10 min para que la harina se hidrate bien. Trabaja la masa apretujándola con la mano unos 3-5 min.

Enaceita y enharina 2 moldes rectangulares de unos 20-22 cm de largo (2). Mojándote las manos en agua, divide la masa en dos partes iguales, intenta evitar que queden burbujas (formándola como un huso) y mete cada una en un molde (3), intentando que lo llene hasta algo más de la mitad. Con una cuchara bien mojada, aplana la superficie del pan (4) y espolvorea con harina, te servirá como indicación para saber el punto de fermentación (5).

Fermenta la masa unas 2.30 h a unos 28-30 °C, hasta que veas grietas en su superficie y haya cobrado algo de volumen (6). Habrá llegado al borde del molde (no tiene que doblar).

Enhórnalos a 250 °C, calor arriba y abajo, con vapor durante 10 min (pp. 56-57) y luego baja a 210 °C y continúa 45 min más. Saca los moldes del horno, deja que se enfríen 10 min y desmolda los panes. Déjalos reposar al menos 4-6 h (o hasta el día siguiente) antes de comerlos.

Masa madre con sal

Centeno rústico alemán 100 % integral

CENTENO — Masa madre con sal

Ingredientes

Masa madre con sal

40 g de masa madre activa

200 g de harina integral de centeno

200 g de agua a 35 °C

4 g de sal

15-20 h después
Masa final

440 g de masa madre

150 g de harina integral de centeno

125 g de harina integral de trigo

130-160 g de agua a 35 °C

5 g de sal

Añadir sal a la masa madre puede parecer algo extraño, sin embargo es habitual en varias tradiciones panaderas. Esta receta de inspiración alemana usa la sal para dar estabilidad a una masa madre que se prepara con muchas horas de antelación y es muy cómoda de usar, ya que no es tan exigente con la temperatura ni la precisión en los tiempos. La pones a fermentar la víspera y la tienes lista para cuando tengas un rato.

Método

Prepara la masa madre la víspera, unas 15-20 h antes del momento en que tengas planeado hacer tu pan. Por ejemplo, si quieres ponerte con el pan a las 9.00 h de la mañana, puedes dejar lista la masa madre a las 18.00 h de la tarde del día anterior. Intenta que la madre quede a unos 26-30 °C y que luego baje durante toda la noche hasta la temperatura ambiente (idealmente por encima de 20 °C).

Mezcla los ingredientes hasta tener un barro denso. No añadas toda el agua de una vez, reserva una parte para correcciones. Intenta que la masa tenga algo de cuerpo; si tiras de ella hacia arriba, tendrían que quedar unas puntas más o menos erguidas (1). Trabaja la masa 5 min hasta que esté homogénea.

Intenta que la masa esté a unos 26-30 °C y fermenta 1 h a esta temperatura. Forma una bola con delicadeza usando sobre la mesa toda la harina que necesites (pero evita que esta se cuele entre los pliegues). Primero lleva los extremos al centro suavemente (2) y luego dale la vuelta y boléala sin apretar demasiado (3). Coloca la masa con el pliegue hacia abajo (4) en un cesto o un bol forrado con una tela bien enharinada (5).

Fermenta unas 2-2.30 h hasta que veas que la masa se ha esponjado y empiezan a aparecer puntos y grietas. Voltéala con rapidez y delicadeza sobre una hoja de papel de hornear, de modo que el pliegue quede expuesto. Deja que repose de 5 a 10 min para que «caiga» y se formen unas grietas que faciliten la expansión del pan (6).

Cuécelo a 250 °C, calor arriba y abajo, con vapor durante 5 min (pp. 56-57) y luego baja a 210 °C, y continúa otros 45 min más, bajando al final si se tuesta mucho.

¿POR QUÉ ES INTERESANTE ESTA RECETA?

Presenta una manera poco intuitiva de preparar la masa madre, pero que da mucha comodidad y flexibilidad. Es un pan integral de gran sabor y conservación.

VARIACIONES

Añade 50 g de pan viejo remojado (puedes tostarlo antes para aportar aún más sabor), también puedes incorporar semillas (lino, sésamo, etc.). Atrévete a hacer piezas grandes, de 1,5 a 2 kg, que es como se haría este pan originalmente en horno de leña.

Masa madre en dos o tres fermentaciones

Pan de mezcla estilo Mischbrot

Ingredientes

1.ª masa madre

5 g de masa madre activa

70 g de harina integral de centeno

45 g de agua

15 h después
2.ª masa madre

120 g de masa madre (la 1.ª)

120 g de harina integral de centeno

140 g de agua a 40 °C

3 h después
Masa final

380 g de masa madre (la 2.ª)

200 g de harina clara de centeno

270 g de harina panificable

240-260 g de agua

12 g de sal

¿POR QUÉ ES INTERESANTE ESTA RECETA?

Presenta un clásico alemán, tanto en la manera de fermentar la masa madre en dos pasos de distinta consistencia como en el resultado, de miga jugosa y aromática, alveolado fino y homogéneo, y gran conservación.

VARIACIONES

El uso de especias (alcaravea, hinojo, cilantro en semilla) es tradicional. Juega con el porcentaje de harina integral y añade semillas o granos cocidos. Puedes usar 3 g de levadura fresca (1 g si es seca) para ganar algo de velocidad y esponjosidad en la masa final.

En la tradición alemana existen métodos para fermentar la masa madre con una, dos y tres fermentaciones, de modo que el proceso se adapte a distintos horarios y estilos de pan. Esta receta se inspira en un clásico de la panadería alemana: el pan cotidiano mezcla de centeno y trigo, *Mischbrot* (en España ha recibido históricamente nombres como pan de morcajo, comuña, *mestall*, etc.). La masa madre tiene una larga primera fermentación nocturna, mientras duermes, y una corta por la mañana antes de hacer el pan. Si no tienes harina de centeno clara, tamiza la integral hasta obtener una harina fina de tono grisáceo.

Método

La tarde anterior, prepara la primera masa madre e intenta que fermente toda la noche en un sitio tibio, lo más cerca de 24 °C que puedas. A primera hora del día siguiente, mezcla la segunda masa madre (alimentándola con lo que llevabas de la primera), poniendo atención a mantener la temperatura; intenta que fermente cerca de los 30 °C.

Tres horas más tarde, mezcla los ingredientes de la masa final. El resultado será un barro denso, pero con cuerpo (1). Deja que la masa repose 15 min para que la harina se hidrate bien. Trabaja la masa apretando y estirando con la mano unos 3-5 min (2).

Fermenta 2 h a unos 28-30 °C y forma la masa sobre la mesa enharinada. Extiéndela formando un rectángulo (3) y enróllala hasta tener un barrote (4). Ponlo a fermentar en una tela enharinada usando algo en los lados para que haga de tope y mantenga la forma (5).

Fermenta la masa otras 2 h, pásala a una hoja de papel de hornear y dale cuatro profundos cortes longitudinales paralelos, de punta a punta (6).

Cuécelo a 250 °C, calor arriba y abajo, con vapor durante 10 min (pp. 56-57), y luego baja a 210 °C y continúa otros 35 min más, bajando al final si se tuesta mucho.

CENTENO
Masa madre aromatizada (y avena a remojo en caliente)

Masa madre aromatizada (y avena a remojo en caliente)

Bollos tiernos de centeno, trigo y avena con anís, mantequilla y miel

Los largos tiempos de reposo de la masa madre son ideales para dejar macerar especias y conseguir extraer sus delicados aromas. Estos bollos planos, a pesar de ser principalmente de centeno, son esponjosísimos y delicados. Además de harina blanca de centeno y una masa madre aromatizada, cuentan con avena remojada en caliente, mantequilla y miel.

Ingredientes

Avena remojada
50 g de copos de avena molidos
100 g de agua a 70 ºC

Masa madre
100 g de harina panificable
100 g de agua a 35 ºC
10 g de masa madre activa
1 cdta. de anís molido

Masa final
150 g de avena remojada
210 g de masa madre
280 g de harina blanca de centeno
120 g de harina panificable
230-250 g de agua
20 g de mantequilla
20 g de miel
8 g de sal

¿POR QUÉ ES INTERESANTE ESTA RECETA?
Muestra cómo trabajar una masa madre aromatizada. Muestra una de las posibilidades de remojo de ingredientes añadidos (en frío, con agua caliente, con agua hirviendo o por decocción).

VARIACIONES
Puedes aumentar la cantidad de trigo para que sean más esponjosos o bien optar por hacerlos con trigo integral, para ganar aún más en sabor. Prueba a sustituir la avena por patata asada, guisantes cocidos a algún otro producto almidonoso y sabroso.

Método

La noche anterior, prepara la masa madre y la avena remojada. Vierte el agua caliente (pero sin hervir) sobre la avena, de esta manera conseguiremos un mayor dulzor y presencia de azúcares en el pan.

A la mañana siguiente, mezcla todos los ingredientes, la masa será algo húmeda pero con cuerpo (1). Intenta ser conservador con el agua, ya que la avena, la mantequilla y la miel ablandarán la masa aunque parezca un poco seca al principio. Deja que repose 15 min antes de amasar.

Puedes intentar amasar sobre la mesa o bien darle unas 3 o 4 tandas de 30 s de trabajo en el bol, estirando la masa y plegándola (2). Deja que fermente 2 h en el bol. Pásala a la mesa, divídela en porciones de unos 100-150 g y boléalas muy suavemente (3).

Colócalas en una hoja de papel de hornear y deja que fermenten 1.30 h (4). Al cabo de ese tiempo, aplánalas con delicadeza usando la palma de la mano (5). Deja que fermenten otras 2 h, espolvoréalas con un poco de harina y pínchalas con un rodillo punteador o con una varilla (6).

Cuécelo a 250 ºC, sin vapor, con ventilador (o bien calor arriba y abajo si no tienes ventilador) durante unos 8-10 min. Es importante que la cocción sea la justa (cuando empiecen a dorarse suelen estar listos) para que no se sequen. Al sacarlos del horno pásalos a un trapo para que se enfríen sin perder su jugosidad.

Uso de centeno en granos

Pan de centeno al estilo danés, rugbrød

Ingredientes

Escaldado de granos rotos

200 g de granos de centeno rotos

75 g de semillas de lino

75 g de semillas de girasol

500 g de agua hirviendo

Masa madre

20 g de masa madre de centeno

115 g de harina integral de centeno

115 g de agua a 40 °C

Masa final

850 g de escaldado

250 g de masa madre de centeno integral

450 g de harina integral de centeno

160-180 g de agua a 40 °C

20 g de sirope oscuro de malta o miel

10 g de sal

¿POR QUÉ ES INTERESANTE ESTA RECETA?

Presenta un gusto de pan extremo: por densidad, sabor y textura es un pan lejano. Enseña cómo trabajar los ingredientes con agua.

VARIACIONES

Tuesta los granos de centeno en una sartén (pero aumenta el tiempo de cocción para que estén tiernos). Si te animas, puedes maltear los granos antes de usarlos. Incorpora avellanas o nueces para que una rebanada constituya todo un almuerzo.

Los granos de centeno otorgan una nueva dimensión a la miga del pan. En los países nórdicos suelen ser un ingrediente habitual (tanto es así que este es uno de los panes más tradicionales de Dinamarca). Si usas granos rotos, como en esta receta, basta con escaldarlos con agua hirviendo. Si los usas enteros, hay que cocerlos (aproximadamente 1 h, dependiendo de lo secos que estén). Para acabar de dar entidad a este pan, en el escaldado se añaden semillas —especialmente el lino— que crearán un mucílago que favorece la estructura, la jugosidad de la miga y la conservación. Este es un pan superlativo en sabor y textura.

Método

La noche anterior, prepara la masa madre y el escaldado. Vierte agua hirviendo sobre los granos de centeno y las semillas (1), y déjalo reposar tapado hasta el día siguiente. Si vives en un sitio muy cálido, puedes añadir un poco de sal para evitar que se ponga malo durante la noche.

Al día siguiente, mezcla los ingredientes de la masa (menos el escaldado) hasta que quede una masa homogénea muy pegajosa (2). Añade el escaldado y vuelve a mezclar intentando que los granos y semillas estén bien repartidos (3).

Enaceita y enharina 2 moldes rectangulares de unos 20-22 cm de largo. Mojándote las manos en agua, divide la masa en dos partes iguales, intenta evitar que queden burbujas (formándola como un huso) y mete cada una en un molde (4), procurando que lo llene hasta algo más de la mitad. Con una cuchara bien mojada, aplana la superficie del pan (5).

Fermenta la masa unas 2.30-3 h a unos 28-30 °C, hasta que veas grietas en su superficie y haya cobrado algo de volumen; habrá llegado al borde del molde (no tiene que doblar). Puedes pincelar con agua para conseguir un poco más de dorado (6).

Enhórnalos a 250 °C, calor arriba y abajo, con vapor durante 10 min (pp. 56-57), y luego baja a 210 °C y continúa otros 50 min más. Saca los moldes del horno, deja que se enfríen 10 min y desmolda los panes. Déjalos reposar hasta el día siguiente antes de comerlos.

Dr. Pan: centeno

Me ha salido un agujero en el pan

Un defecto clásico cuando te pones a hacer pan de centeno es que se separe la corteza del resto del pan, que salga como una cueva. Normalmente está relacionado con la fermentación, y a veces en realidad no tiene que ver con la fermentación del pan en sí, sino con la fermentación de la masa madre. En el capítulo hay distintas maneras de fermentar la masa madre, y ahí es donde tienes que hacer énfasis. En la mayoría de las ocasiones falta temperatura durante las fermentaciones de la masa madre. Si la masa madre está bien, es fácil que el pan salga bien.

A veces el defecto sí tiene que ver con el proceso, a menudo hay falta de temperatura, pero (paradójicamente, ya siento que parezca un chiste) un exceso de temperatura y una masa pasada también pueden provocar esto. De ahí que sea esencial tener control de la temperatura, para que el pan no vaya por donde quiere.

En algún caso extraño puede ser la harina. Si has conseguido una harina sin etiquetar, tal vez de un sitio muy pequeño, a veces puedes tener una harina que no reúna las condiciones para hacer un buen pan de centeno. Es un caso extraño, pero puede darse. No obstante, en el 99 % de los casos, la causa suele ser por los motivos anteriores.

Al cortar el pan, la parte inferior del pan está como cruda

Esto está relacionado con lo anterior. Normalmente se soluciona prestando atención a las fermentaciones de la masa madre (sobre todo a la temperatura). Una masa madre activa, con una acidez adecuada y una cantidad de sal adecuada (algo superior a la del pan de trigo) han sido las herramientas clásicas del panadero para evitar estos defectos.

El pan mancha el cuchillo, salen como bolitas de masa cruda

Esto puede ser por varias causas. La más tonta es el ansia por comerlo sin haberlo dejado reposar. Varios panes de este libro indican que hay que dejarlos reposar varias horas, incluso hasta el día siguiente. Esto es un punto clave en los panes de centeno; no están más ricos recién hechos. El pan tiene que asentarse. Por otro lado, el corte en sí puede ser la causa. Si el cuchillo no tiene el filo totalmente limpio (mejor aún si está mojado) puede crear este problema, y si sigues cortando, cada vez será peor.

En cuanto al proceso, lo más probable es que estemos ante un problema de masa madre poco activa. En algún caso puede ser un exceso de hidratación de la masa.

Hay harina cruda dentro del pan

En el formado de algunos panes de centeno es normal que abusemos de la harina en la mesa, con el riesgo de que una parte de esa harina acabe colándose en el pan y quedando cruda. Presta atención durante el formado para que esto no suceda.

El pan sale muy ácido

Aquí hay una importante nota que hacer sobre el gusto. En el sur de Europa (salvo excepciones) el pan suele ser más suave y ligero que en el norte. Los países del centeno han desarrollado un gusto por panes de sabor más contundente (fruto de una necesidad fermentativa para que el pan salga bien). Así que tal vez el pan está como tiene que estar, pero a ti te parece ácido. Dáselo a probar a otras personas de ámbitos distintos, a ver lo que dicen.

Por otro lado, puede que el pan haya fermentado demasiado (esto iría acompañado de una pérdida de volumen en el horno) o bien que la masa madre no haya fermentado adecuadamente. Una manera sencilla de arreglarlo es que la última fermentación de la masa madre, antes de hacer el pan, sea corta (unas 3 h) y a alta temperatura (a unos 30 ºC).

No puedo amasar, se pega todo

Es normal que las masas de centeno sean muy pegajosas (y lo que cuesta lavarse las manos luego). Puedes asumirlo y simplemente trabajar la masa en el bol, sabiendo que después te lavarás las manos. Una idea útil es que dejes una mano limpia (la izquierda, si eres diestro) para agarrar el bol (o algo que puedas necesitar de urgencia) y emplees la mano buena para trabajar. También con el centeno es útil tener un bol de agua tibia cerca para mojarte las manos antes de formar o manipular la masa, para evitar que esta se te pegue.

La hogaza de centeno me queda demasiado plana

Suele ser típico de un exceso de fermentación o también de un exceso de hidratación de la masa.

El pan sale del horno hundido por arriba, con forma cóncava

Esto es típico cuando haces pan de centeno en molde y se te pasa de fermentación. El pan de centeno justo de fermentación se abre creando grietas. Si está bien de fermentación, la parte superior tiene forma ligeramente abovedada. Si está un poco pasado, queda totalmente plana y si está pasado, queda cóncava.

La masa madre: creación, uso y conservación

Introducción general sobre pan

1. **Amasado e hidratación**

2. **Fermentación**

3. **Fermentación mixta**

4. **Centeno**

5. NEVERA

6. **Cocción**

7. **Proyecto de fin de curso**

8. **Fuera de programa: masas dulces**

Apéndices y extras

Presentación

La masa madre es uno de los primeros métodos de fermentación empleados desde la antigüedad. Durante milenios se ha hecho pan con el sencillo gesto de guardar un poco de masa de la hornada anterior para la siguiente. En términos históricos, el uso del frío es una novedad, aunque lleve ya muchas décadas establecido entre los profesionales de la panadería. Por suerte, todos tenemos en casa un equipamiento de fermentación en frío: la nevera (incluso el congelador, si hace falta un golpe térmico para frenar una masa muy acelerada).

Hay varias maneras de usar la nevera, sobre todo en cuanto al momento del proceso en que empleamos el frío. La decisión de usar la nevera en uno u otro momento condicionará el itinerario que seguirá la masa. Uno de los motivos esenciales para usar la nevera es romper la esclavitud temporal que dicta la fermentación. En este sentido, usar la nevera es una opción, nunca una obligación.

Usar la nevera, pero seguir teniendo el control

Fermentar el pan en la nevera durante la primera fermentación hace que la masa vaya creciendo y ganando en sabor lentamente esperando al día siguiente, momento en el que estará hinchada, pero sin forma ni mucha fuerza. Por norma general, se forma delicadamente al sacarla de la nevera. Esto nos da control para corregir cualquier error de falta o sobra de fermentación que haya podido tener la masa, ya que aún queda un tiempo en el que podemos reconducir el pan, dándole más o menos tensión en el formado y más o menos tiempo de fermentación. La rosca multisemillas es un pan sabrosísimo al que le sienta muy bien el frío y que solo nos queda formar y fermentar brevemente antes de meter al horno.

Usar la nevera para la comodidad total

Si, por el contrario, decidimos formar el pan antes de meterlo en la nevera, haremos que este fermente en frío ya con la forma definitiva con la que entrará al horno. Lo único que nos faltará será sacarlo de la nevera y meterlo al horno; en muchos casos es muy positivo hacerlo directamente, ya que el choque térmico hace que la pieza cobre un buen volumen. El pan de pasas y nueces es un buen ejemplo de esta técnica. Un pan cómodo que podemos meter al horno en el momento que queramos. Lo esencial para dominar esta técnica es hacer varias pruebas hasta coger el punto entre la capacidad de enfriar de la nevera y la fuerza fermentativa del pan. Si el pan entra muy fuerte de fermentación o con mucha temperatura, la nevera no podrá pararlo y se pasará de fermentación (al día siguiente se desplomará cuando queramos hornearlo). Por el contrario, si metemos el pan en la nevera antes de que coja una buena fuerza fermentativa, o si la masa está muy fría, la nevera lo parará antes de que esté hinchado y listo para echarse la siesta al frío. Usar la nevera en la segunda fermentación exige un par de pruebas hasta afinar el punto: anota siempre tiempos y temperaturas.

La nevera al rescate de la gente sin tiempo

Una de las excusas que más se oye para no hacer pan de masa madre es el «no tengo tiempo». Y con razón, ya que la fermentación con masa madre es lenta por naturaleza. Sin embargo, puedes repartir el tiempo de fermentación a lo largo de 3 días, y así cada día necesitas solo un rato. El primer día lo amasas, lo fermentas un rato y dejas que leve en la nevera hasta el día siguiente. Al día siguiente, lo sacas de la nevera, dejas que pierda el frío, lo formas y lo vuelves a meter en la nevera hasta el día siguiente. El tercer día solo te quedará meterlo al horno en el momento que mejor te venga. Al trigo duro le vienen muy bien los largos reposos, ya que sacan mucho de su sabor y unas cortezas antológicas.

Usos alternativos de la nevera

La nevera no solo te sirve para dejar listo tu pan, sino también la propia masa madre. Uno de los problemas de mucha gente es que, para cuando tiene lista la masa madre, ya se le ha hecho tarde para hacer pan. No pasa nada. Puedes dejar preparada tu masa madre casi en su punto óptimo y meterla en la nevera hasta el día siguiente, cuando la usarás directamente de la nevera (corrigiendo con agua caliente la temperatura de tu masa). Este recurso puedes llevarlo al extremo como en la hogaza sin refrescos de la masa madre. Es un pan que presenta una técnica muy curiosa que combina la conservación de la masa madre en la nevera con una larga fermentación a temperatura ambiente con poquísima masa madre, como vimos en el capítulo anterior. Es tan fácil como cómodo. Puedes usar una masa madre que hayas dejado hasta 5-7 días antes en la nevera (más allá, el pan empezara a sufrir).

Por último, la nevera también puede servir para liberar los azúcares de la masa, usándola para hacer una superautolisis de toda una noche, en que la mezcla de harina y agua reposa para fermentar con fuerza al día siguiente, una vez añadidas la masa madre y demás ingredientes. En este caso, el pan que se beneficia de esta técnica es una hogaza de trigo duro con anís y aceite de oliva.

Nevera en la primera fermentación

Rosca multisemillas

Ingredientes

Escaldado de semillas tostadas

60 g de semillas de girasol
50 g de semillas de lino
40 g de semillas de sésamo
150 g de agua fría

Masa final

100 g de masa madre integral de trigo*
250 g de harina integral de trigo (mejor molida a la piedra)
250 g de harina panificable
360-380 g de agua (tibia en invierno, fresca en verano)
10 g de sal

*Consulta el capítulo de introducción para ver las posibilidades (p. 20).

¿POR QUÉ ES INTERESANTE ESTA RECETA?

Presenta el uso de la nevera para facilitar la elaboración de panes de larga fermentación y no ser tan esclavo del reloj, ya que la masa estará lista en cualquier momento del día siguiente, incluso al cabo de dos días.

VARIACIONES

El formado en rosca proporciona mucha corteza, pero puedes hacer hogazas o incluso panecillos planos más pequeños. Usa esta masa sin semillas, aumentando un poco la hidratación. Un poco de harina de trigo duro aún mejoraría la corteza un poco más.

Usar nevera en la primera fermentación es una gran opción para tener control sobre la masa, ya que aún te queda el formado, en el que puedes corregir errores. Es cómodo, ya que la puedes preparar el día anterior en cualquier momento, y te espera. Además, una larga primera fermentación ayuda a conseguir un resultado muy aromático; la gran corteza de una rosca acaba de redondear el sabor de este pan.

Método

La noche anterior, tuesta las semillas en una sartén a fuego medio (cuidado de no quemarlas) y luego échalas sobre el agua fría.

Al día siguiente, mezcla la harina y el agua de la masa y deja que reposen en autolisis durante 40 a 60 min. Finalmente, añade la masa madre y la sal; quedará una masa pegajosa, pero con bastante cuerpo (1) (el escaldado de semillas la aflojará al tener mucha agua). Amasa durante unos 5-10 min hasta que la masa esté bastante fina (2).

Estírala sobre la mesa formando un cuadrado de unos 50 x 50 cm y extiende encima el escaldado de semillas. Corta la masa por la mitad y coloca una mitad sobre la otra. Vuelve a repetir el gesto hasta que tengas una «lasaña de masa y semillas» (3). Bolea la masa y déjala que fermente 1 h antes de darle un pliegue.

Fermenta otra hora antes de dar un segundo pliegue y finalmente espera 1.30 h antes de meterla en la nevera en un contenedor hermético (o bien en un bol metido en una bolsa hermética) para que no se seque.

Al día siguiente (puede ser a cualquier hora, idealmente tras un mínimo de 12-14 h de reposo), saca la masa de la nevera y vuélcala sobre la mesa enharinada. Haz un agujero en el centro de la masa, metiendo dos dedos y estirando suavemente para agrandar el agujero (4). Transfiere la rosca a una hoja de papel de hornear, y aprovecha para corregir la forma y darle un poco de tensión (5). Espera 1 h, dale un corte circular en la parte superior (6) y cuécela.

Enhórnala a 250 °C, calor arriba y abajo, con vapor durante 10 min (pp. 56-57), y luego baja a 220 °C y continúa otros 30 min más.

Nevera en la segunda fermentación

Barrote de pasas y nueces

Ingredientes

- 100 g de masa madre integral de centeno (activa)*
- 400 g de harina panificable
- 100 g de harina integral de centeno (mejor molida a la piedra)
- 375-400 g de agua
- 10 g de sal
- 100 g de pasas
- 100 g de nueces peladas

*Consulta el capítulo de introducción para ver las posibilidades (p. 20).

Usar la nevera en la segunda fermentación es la manera más rápida de tener el pan listo en el momento que lo decidas, ya que solo falta hornearlo. De hecho, meter el pan directo de la nevera al horno suele favorecer su desarrollo, ya que tarda en alcanzar su máximo volumen (es esencial que haya vapor para que esto suceda bien). Lo más importante es practicar para aprender el equilibrio entre el punto de fermentación y la potencia enfriadora de tu nevera, para que, una vez dentro, el pan ni se pase de fermentación ni se quede muy parado antes de fermentar.

Método

Mezcla las harinas con el agua (reserva 20 g para luego, por si acaso) y deja que la masa repose de 40 a 60 min. Este periodo (llamado autolisis) hará que la masa se cohesione y mejoren sus características plásticas. Tras la autolisis, añade la sal y la masa madre; quedará una masa bastante húmeda (los frutos secos absorberán parte del agua) (1). Amasa la masa sobre la mesa durante unos 7-10 min (2).

Una vez amasado, incorpora los frutos secos. Extiende la masa, distribúyelos homogéneamente, corta la masa por la mitad, superpón una parte a otra y repite este gesto 2 o 3 veces hasta tener una «lasaña de masa y frutos secos» (3).

Fermenta 1.30 h y da un pliegue a la masa. Tras 1.30 h más, forma el pan. Forma un barrote sobre la mesa enharinada: trae los bordes de la masa hacia el centro primero y enrolla la masa después (4) (p. 54). Coloca la barra sobre una tela muy enharinada y apoyada por algo que le dé soporte (5). Fermenta unos 50-60 min y métela en la nevera en un contenedor hermético (o bien en un cesto metido en una bolsa hermética) para que no se seque.

Antes de hornear, vuelca la barra sobre una hoja de papel de hornear, da dos cortes paralelos al bies, con el cuchillo inclinado (6). Cuécela a 250 °C, calor solo abajo con vapor durante 20 min (pp. 56-57), y después otros 40-45 min a 210 °C, sin vapor, calor arriba y abajo.

¿POR QUÉ ES INTERESANTE ESTA RECETA?

Fermentar la pieza ya formada es un recurso muy útil para tener libertad de horarios. Incluso si llegas muy tarde a casa, podrías hornear el pan mientras te preparas para ir a dormir. Es una buena receta para practicar hasta entender el punto de equilibrio entre la «inercia fermentativa» del pan y la capacidad de enfriar de la nevera, lo que garantiza el éxito.

VARIACIONES

Puedes dejar el pan dos días en la nevera, aunque irá degradándose poco a poco. Si sabes que va a ser así, usa harina un poco más fuerte y baja un poco la hidratación, ya que la masa se aflojará con el tiempo en la nevera.

Nevera en las dos fermentaciones

Hogaza de trigo duro

Ingredientes

500 g de harina de trigo duro
380-400 g de agua
80 g de masa madre activa (la que tengas en uso)*
10 g de sal

*Consulta el capítulo de introducción para ver las posibilidades (p. 20).

Usar la nevera en las dos fermentaciones es un buen recurso para cuando no tienes mucho tiempo e intentas cuadrar unos horarios difíciles con hacer buen pan. Con un poco de tiempo cada día y un poco de organización puedes conseguir un gran pan. Como todo método, es una respuesta a una necesidad, no una obligación. El trigo duro suele brillar cuando se prolongan los tiempos, ya que a veces le cuesta fermentar y sacar todo el potencial que lleva dentro. El largo reposo en frío consigue una corteza antológica y una miga sedosa y jugosísima.

¿POR QUÉ ES INTERESANTE ESTA RECETA?

Presenta un método que se adapta a la vida moderna en la que a veces no disponemos de tiempo. Dedicarle un rato cada día permite el milagro.

Enseña que el proceso del pan es una respuesta a una necesidad, no una imposición. Sigue el método que se adapte a tu vida.

VARIACIONES

El trigo duro suele agradecer una autolisis para que la dura harina de sémola se hidrate y empiece a trabajar. Si puedes, antes de amasar, haz una autolisis de 30-60 min. El trigo duro es dulce por naturaleza, así que puedes jugar a añadir ingredientes ácidos que contrasten, como aceitunas, tomate seco, etc.

Método

Adapta el pan a tus horarios. Por ejemplo, puedes mezclar la masa madre por la mañana y dejar que fermente mientras trabajas, para que esté lista cuando vuelvas del trabajo.

Mezcla todos los ingredientes hasta que tengas una masa cohesionada, será algo pegajosa (1), pero no te pases de hidratación, ya que tras 2 días se aflojará. Como se trata de ahorrar tiempo, amasa de corrido sobre la mesa durante unos 5 min (2). O bien puedes hacer 2 o 3 tandas de 1 min de amasado y 5 de reposo. Pliega la masa al cabo de 1 h. Fermenta aproximadamente 3 h y mete la masa en la nevera en un contenedor hermético (o bien en un bol metido en una bolsa hermética) para que no se seque.

Al día siguiente, saca la masa de la nevera y vuélcala sobre la mesa enharinada. Deja que repose 1 h para que pierda frío (mientras cenas, por ejemplo). Trae los extremos al centro (3), boléala con suavidad (4) y colócala en un bol forrado con una tela enharinada (5). Espera 1 hora y métela en la nevera evitando que se seque.

Al día siguiente, saca el pan de la nevera y hornéalo directamente. Vuelca la hogaza sobre una hoja de papel de hornear y da unos cortes en forma de rejilla (6). Cuécelo a 250 ºC, calor solo abajo con vapor durante 20 min (pp. 56-57), y después otros 40-45 min a 200 ºC, sin vapor, calor arriba y abajo.

Uso de la masa madre directamente de la nevera

Hogaza sin refrescos de la masa madre

Ingredientes

- 20-30 g de masa madre que lleve hasta una semana en la nevera
- 600 g de harina panificable
- 300 g de harina integral
- 100 g de harina de fuerza
- 740-780 g de agua
- 10 g de sal

La nevera también sirve para dejar lista tu masa madre y usarla cuando la necesites. Desde dejarla casi a punto, retardarla y continuar al día siguiente, hasta usar un poco de una masa madre con varios días y darle una larguísima fermentación a temperatura ambiente sin necesidad de refrescos previos (la larga fermentación es su refresco). Esta receta es utilísima para cuando tienes una masa madre hace unos días en la nevera y quieres montar un pan sin refrescos.

¿POR QUÉ ES INTERESANTE ESTA RECETA?

Ofrece una alternativa al clásico sistema de refrescos previos a la panificación con varias aplicaciones: si la masa madre es del día anterior, se puede usar para una fermentación al uso; si tiene varios días, se usa una pequeña cantidad y se da una larga fermentación a temperatura ambiente; es sencillo y muy útil.

VARIACIONES

Juega con la proporción de harinas. La larga fermentación puede degradar la masa, por lo que si usas harinas flojas, reduce la hidratación. Este tipo de masa queda muy bien en piezas grandes y sabrosas, pero prueba a hacer piezas más pequeñas, bollos, roscas, etc.

Método

Por la noche, diluye la masa madre en el agua y mezcla todos los ingredientes hasta que tengas una masa cohesionada, será bastante pegajosa (1). Déjalo reposar unos 30 min y pliega la masa, estirando suavemente hacia arriba plegándola sobre sí misma (2). Da un total de cuatro pliegues separados cada uno por 30 min. Deja que fermente a temperatura ambiente (18-20 °C) hasta el día siguiente, al menos 12 h.

La masa habrá crecido y estará muy esponjosa (3). Vuélcala sobre la mesa enharinada, trae los extremos al centro con mucha delicadeza (4), boléala con la mayor suavidad posible, para dar una mínima tensión, y colócala en un bol forrado con una tela enharinada (5). Fermenta unas 2 h. Vuelca la hogaza sobre una hoja de papel de hornear y da cuatro cortes (6).

Cuécelo a 250 °C, calor arriba y abajo, con vapor durante 20 min (pp. 56-57), y después otros 50-60 min a 210 °C ya sin vapor, calor arriba y abajo.

Larga autolisis en nevera

Pan de trigo duro y centeno con anís y aceite de oliva

Ingredientes

200 g de masa madre integral de centeno*

500 g de harina de trigo duro

380-390 g de agua

15 g de aceite de oliva virgen

5 g de anís en grano (1 cdta.)

10 g de sal

*Consulta el capítulo de introducción para ver las posibilidades (p. 20).

La autolisis puede tener varios objetivos (reducir el amasado, aumentar la disponibilidad de azúcares), duraciones y técnicas. Aunque no es un proceso universal, para algunos trigos ofrece un gran resultado, este es el caso de harinas muy fuertes o bien del trigo duro. El largo reposo en la nevera hace que, para cuando por fin lleguen las levaduras a la masa, haya mayor disponibilidad de azúcares, lo cual produce una corteza estupenda. En esta masa el trigo duro se combina con dos sabores que le son muy próximos, anís y aceite de oliva.

¿POR QUÉ ES INTERESANTE ESTA RECETA?

Presenta una técnica para hacer brillar la harina, ya sea de trigo duro o de trigos panaderos, y ofrece un uso alternativo de la nevera, en la estela del *pain à l'ancienne* de Gosselin y Reinhart, que merece la pena investigar.

VARIACIONES

Aunque este pan lleva masa madre de centeno integral para obtener un gusto más complejo, puedes usar una masa madre blanca para que sea más ligero y suave. Esta masa quedaría genial en panes planos al estilo de los que se hacen en el Magreb.

Método

Por la noche, mezcla la harina de trigo duro y el agua hasta que formen una masa. Métela en la nevera en un contenedor hermético (o bien en un bol metido en una bolsa hermética) para que no se seque. Prepara también la masa madre.

Al día siguiente, mezcla la masa en autolisis con el resto de los ingredientes (1). Será una masa pegajosa pero manejable. Amásala sobre la mesa con el amasado para masas húmedas (2). El trigo duro se amasa con facilidad y en unos pocos minutos tiene un buen cuerpo y finura.

Pasados 30 min, pliega la masa, estirando suavemente hacia arriba y plegándola sobre sí misma (3). Espera 30 min y dale un segundo pliegue para que la masa cobre fuerza.

Fermenta 2 h más y forma el pan. Vuelca la masa sobre la mesa enharinada (4), trae los extremos al centro con mucha delicadeza (5), boléala con la mayor suavidad para dar una mínima tensión y colócala en un bol forrado con una tela enharinada de forma que los pliegues queden abajo, ya que este pan no recibirá corte, sino que se meterá «girado», del revés, con la parte que suele ser la base mirando hacia arriba.

Fermenta entre 1 y 1.30 h. Vuelca la hogaza sobre una hoja de papel de hornear y observa las grietas por las que el pan se abrirá en el horno (6). Cuécelo a 250 °C, calor arriba y abajo, con vapor durante 20 min (pp. 56-57), y después otros 35-40 min a 210 °C ya sin vapor, calor arriba y abajo.

Dr. Pan: fermentación en frío

El uso de la nevera requiere un periodo de aprendizaje, así que es normal que tus primeros panes de nevera no salgan perfectos. En general, se puede decir que lo más difícil es aprender cuánta fuerza fermentativa tiene tu masa (que dependerá de la temperatura a la que esté y del estado de la masa madre) y cuánta fuerza de enfriamiento tiene tu nevera. Encontrar el equilibrio entre las dos es la clave.

NEVERA EN LA PRIMERA FERMENTACIÓN

La masa no ha crecido

Es habitual que suceda en tus primeros panes en nevera. Tras una noche en la nevera, la masa apenas ha crecido. Simplemente la nevera ha podido más que la masa. La próxima vez intenta dejar que la masa fermente más tiempo antes de meterla en la nevera (o bien haz que la masa esté a mayor temperatura, para que a la nevera le cueste más frenarla). Este defecto no es el fin del mundo, ya que puedes sacar la masa de la nevera y dejar que fermente un rato en un lugar cálido antes de formar el pan.

La masa se ha pasado de fermentación en la nevera y se ha hundido

El caso contrario al anterior. Aquí la masa ha podido más que la nevera. Puede que la nevera no estuviera muy fría (o que se haya abierto muchas veces) o bien que tu masa tuviera mucha fuerza fermentativa y estuviera a una temperatura excesiva. Puedes darle un pliegue delicadamente para que recobre un poco la estructura y dejarla reposar 20 min antes de afrontar el formado. La próxima vez, no dejes que la masa fermente tanto antes de meterla en la nevera o bien (sobre todo en verano) intenta que la masa esté un poco más fría.

NEVERA EN LA SEGUNDA FERMENTACIÓN

El pan apenas ha crecido

Igual que pasaba en la primera duda, aquí la nevera ha podido a la masa. La clave cuando metes el pan en la nevera ya formado es que puedas hornearlo directamente, es decir, que haya fermentado todo lo que necesitaba. Si la nevera está demasiado fría o el pan no ha fermentado lo suficiente antes de entrar en la nevera, la masa se parará muy pronto. La próxima vez, intenta que, una vez formado el pan, la masa tenga más tiempo de fermentación antes de entrar en la nevera o aumenta un poco la temperatura de la masa. Un truco es meter el cesto del pan (o lo que hayas usado) en un contenedor lo más grande que puedas. El contenedor estará lleno de aire caliente, y a la nevera le costará un rato enfriar primero el aire antes de enfriar el pan.

El pan se desmorona al enhornarlo

Todo lo contrario que en la pregunta anterior. En este caso, la nevera no ha podido parar el pan, que ha seguido fermentando a buen ritmo a pesar del frío, hasta llegar a pasarse de fermentación. La masa iba muy fuerte y además puede que tuviera demasiada temperatura (esto suele pasar más en verano). Esto ha hecho que se rompiera el equilibrio entre la capacidad de fermentar del pan y la capacidad de enfriar de la nevera; esta vez ha podido más la nevera. Para la próxima vez, intenta que el pan entre antes en la nevera y vigila la temperatura de la masa.

Un pan que suelo hacer y conozco, al hacerlo en la nevera, me queda muy plano

Al introducir un cambio en el proceso (como la incorporación de frío, sobre todo en largos periodos de tiempo), normalmente hay que cambiar algún otro parámetro. Piensa que un pan que está 1 o 2 días en la nevera sufre mucho. Una idea es bajar un poco la hidratación, tal vez aumentar un poco la fuerza de la harina y también darle mayor tensión en el formado, con la idea de que el pan tenga una buena estructura para aguantar su travesía helada.

¿Cómo consigo que me quepa el pan en la nevera?

Si le coges el truco a usar la nevera es fácil que te animes a hacer varios panes, y aquí hay una dificultad añadida. Si metes varios panes juntos ya formados, es posible que se den calor los unos a los otros y terminen por pasarse de fermentación. Intenta meterlos separados. También puedes optar por cambiar tu sistema y usar la nevera en la primera fermentación, en que toda la masa está junta y ocupa menos que los panes ya formados.

La corteza del pan ha quedado muy dorada, casi rojiza, algo oscura (y además tiene ampollas)

El largo reposo en frío hace que en la masa se liberen muchos azúcares, lo cual contribuye a un mayor dorado de la corteza, lo que seduce a mucha gente. Paradójicamente, para otras personas esto no es tan apetecible, sobre todo si están acostumbrados a una variedad de pan que es más pálida.

El tema de las ampollas en la superficie suele deberse a una combinación de fermentación en frío y mucha humedad en el horneado, es algo que gusta mucho en sitios como EE. UU., mientras que en otros lugares se ve como un defecto del pan (e incluso en panadería profesional hay aditivos para evitarlo). Personalmente no me molestan, y si son finas aportan un toque de crujido muy interesante.

La masa madre: creación, uso y conservación

Introducción general sobre pan

1. **Amasado e hidratación**

2. **Fermentación**

3. **Fermentación mixta**

4. **Centeno**

5. **Nevera**

6. COCCIÓN

7. **Proyecto de fin de curso**

8. **Fuera de programa: masas dulces**

Apéndices y extras

Presentación

A pesar de que el pan al que estamos más acostumbrados es esponjoso, crujiente y se cuece en un horno a alta temperatura, existen muchas otras maneras de cocer pan, ya que (por suerte) existen muchísimos tipos de pan, algunos de los cuales desafían nuestro concepto de pan.

Pan en olla

Si usas Instagram o Facebook y no sabes hacer pan, parecería que no puedes hacer masa madre sin una olla de hierro colado. Por desgracia, este buen recurso ha pasado a tener un estatus casi de objeto esencial e indispensable. La olla tiene varias virtudes, como eliminar la necesidad de crear vapor, el pan lo crea solo, o conseguir un buen aumento de volumen en el horno (cosas ambas conseguibles con un poco de técnica, como se explica en el capítulo de introducción). No obstante, también tiene varias pegas, como que solo te cabe un pan por hornada, y que el pan tendrá la forma y tamaño máximo de tu olla (cosa algo limitada si miras la variedad de formas y tamaños del libro); no podrás hacer una rosca, un barrote o una gran hogaza. Dicho lo cual, la olla es un gran aliado para hornos de gas u hornos con un aporte de calor deficiente, ya que concentra y reparte el calor homogéneamente. Como un guiño a la época en que vivimos, el crujiente y esponjoso pan cocido en olla de la primera receta se llama «el pan de Instagram».

Cocción en hojas por gusto

Hemos visto técnicas antiguas tanto en fermentación como en cocción, y también algunos tipos de pan antiguo hechos con técnicas modernas (uso de la nevera). Con el uso de hojas para proteger el pan durante la cocción pasa algo similar. Existen en todo el mundo muchas masas que se envuelven en hojas de plantas para protegerlas durante la cocción, ya sean piezas cocidas al vapor o enterradas en brasas (los tamales, por ejemplo, se hacen con ambas técnicas). Los panes de maíz suelen tener una cocción prolongada, y si esa cocción es en un horno de leña el pan puede acabar quemándose. Por ese motivo para proteger muchos panes de maíz, desde la *méture* del Bearne a panes cantábricos y gallegos, como este pan de millo, ha sido habitual usar hojas de repollo o berza. Hoy en día ya no es estrictamente necesario, pero el punto de sabor que dejan en el pan hace que siga siendo una técnica muy interesante.

La magia de la baja temperatura

La cocción a baja temperatura es también una técnica antigua y muy extendida, ya que a menudo es más sencillo crear un calor suave durante mucho tiempo que un calor explosivo. De hecho, aunque nuestra idea esencial de pan vaya ligada al horno, se ha hecho más pan sin horno que con horno, tanto en términos temporales como geográficos. La cocción al baño maría es solo un miembro de la familia de cocciones suaves, como cocer pan al vapor, usar calor termal o simplemente usar el calor residual del horno. En centeno esto suele conseguir una concentración de sabor llamativa, un dulzor notable y una gran jugosidad. Igual que pasa en otras partes del mundo con panes delicados de trigo, hay panes de centeno en los que la corteza sencillamente no importa. En la zona de Uppland (Suecia) es tradicional que las casas de campo tengan un molde de metal cilíndrico y con tapa para cocer este pan tan maravilloso, el *Upplandskubb,* aquí en una versión con masa madre.

Una técnica arcaica para panes contemporáneos

Cocer pan sobre una superficie caliente es una técnica ancestral extendidísima. En muchas culturas se emplea para hacer tortas más o menos finas, a veces sin fermentar, pero también para cocer panecillos como los *muffin* ingleses, los *bannock* escoceses, el *bolo do caco* portugués, etc. Los delicados y suculentos bollos integrales de espelta de este capítulo toman como inspiración toda esta familia de elaboraciones. Al ser un «método *low cost*», lo puedes emplear en situaciones en las que no sea fácil tener acceso a un horno, ya sea porque tu piso de alquiler no lo tiene o porque estás de camping. La clave de esta cocción es ir dando vueltas a la pieza para que la corteza no se llegue a quemar.

Los panes suculentos

Probablemente las masas fritas más frecuentes en nuestra dieta sean dulces: berlinas, churros y buñuelos, por ejemplo. No obstante, existe una familia de suculentos panes planos fritos que son exquisitos; algunos de ellos se pueden improvisar simplemente estirando un poco de masa de alguna receta hasta dejarla fina y creando un inesperado manjar (te animo a que lo pruebes con alguna masa del libro, sin ir más lejos la de los bollos de espelta integral). En este caso, la masa madre toma el protagonismo aportando unas notas aciduladas a unos buñuelos de manzana que acaban teniendo un adictivo sabor lleno de complejidad. El propio poder levante de la masa madre es suficiente para esponjarlos, pero si quieres algo aún más ligero siempre puedes mezclar un poco de impulsor químico en la masa justo antes de freírlos (como en las tortitas de avena fermentada del capítulo de «Fermentación»).

Cocción en olla

Pan de Instagram

Ingredientes

- 70 g de masa madre activa*
- 160 g de harina panificable
- 160 g de harina de fuerza
- 35 g de harina integral de trigo
- 260-280 g de agua
- 7 g de sal

*Consulta el capítulo de introducción para ver las posibilidades (p. 20).

Una olla es un gran medio de cocción, ya que concentra muy bien el calor en sus paredes y además atrapa la humedad que suelta la masa, eliminando así la necesidad de crear vapor durante la primera fase de la cocción. Se ha hecho muy popular, hasta el punto de que parece que no se puede hacer pan sin ella. Es interesante en hornos «problemáticos», como hornos de gas. Este pan es un guiño al que parece ser «el único pan de masa madre» del momento en las redes sociales, lo que olvida la gran variedad de formatos, sabores y técnicas.

Método

El día anterior, mezcla las harinas y el agua hasta que formen una masa. Deja que repose 1 h a modo de autolisis. Añade la sal y la masa madre, será una masa bastante ligera (1). Amasa sobre la mesa unos 7-10 min hasta que esté fina (o bien puedes usar la técnica de pliegues a intervalos).

Espera 30 min y da un pliegue a la masa para que gane en estructura. Repite el pliegue al cabo de otros 30 min. Deja que la masa repose 3 h más (si ves que está algo floja, puedes dar un pliegue al cabo de 1,5 h). Tras esas 4 h de fermentación, la masa debería estar hinchada.

Pásala a la mesa enharinada y fórmala. Pliega los bordes hacia dentro como si cerraras un libro (2) y luego «cose» los extremos pegando las «puntadas» en el centro (2). Finalmente, enrolla desde arriba hacia abajo con suavidad, como harías para formar una barra (3). Coloca la masa en un cesto (o contenedor forrado con tela enharinada) y deja que fermente media hora antes de meterlo en la nevera (dentro de una bolsa o contenedor hermético para que no se seque). Déjalo fermentar hasta el día siguiente, de 12 a 20 h.

Enciende el horno a 250 °C, calor arriba y abajo, con la olla dentro para que se caliente (al menos media hora). Vuelca el pan sobre una hoja de papel de hornear y dale un corte longitudinal a media altura con la cuchilla inclinada (5). Usando guantes, saca la olla del horno y colócala sobre un salvamanteles. Coge la hoja de papel de hornear de los extremos y colócala (con el pan dentro) en la olla. Pon la tapa y cuece el pan 20 min a 250 °C, calor arriba y abajo. Pasado ese tiempo, quita la tapa (6) y continúa la cocción otros 25 min a 210 °C, calor arriba y abajo.

¿POR QUÉ ES INTERESANTE ESTA RECETA?

Presenta un método alternativo de cocción que brilla especialmente si tienes un horno problemático. El pequeño tamaño del pan es un truco; así es más fácil que coja buen volumen y alveolatura. La receta es un lienzo en blanco; de hecho, puedes hacer varios panes del libro (los que quepan) en olla.

VARIACIONES

Puedes usar una olla (ya sea de metal o de barro) incluso si no tienes horno, enterrándola en brasas en la chimenea, con un resultado fantástico.

Cocción en hojas de berza

Broa, pan de millo

Ingredientes

Masa madre (la noche anterior)

220 g de harina panificable

110 g de agua a 35 °C

10-20 g de masa madre activa

Masa final

340 g de masa madre activa

525 g de harina de maíz (mejor si es molida a la piedra)

210 g de harina integral de centeno

130 g de harina panificable

800-900 g de agua

17 g de sal

¿POR QUÉ ES INTERESANTE ESTA RECETA?

Muestra una técnica ancestral para proteger el pan en la cocción que produce un resultado exquisito. Presenta una receta apetitosa con maíz, un cereal no muy común en panadería convencional.

VARIACIONES

Puedes esconder en la masa trozos de chorizo y panceta, «preñando» así el pan, como se hace en algunas zonas del norte de España con panes similares. Si quieres hacer un pan 100 % sin gluten, puedes optar por omitir las otras harinas, incluso por no fermentarlo, como se hace con algunos panes similares, como la boroña asturiana o la artoa o borona vasca.

Desde mucho antes de la invención del horno de pan, tal como lo conocemos ahora, se han cocido masas sobre y bajo brasas. Si las piezas son finas, la cocción es breve y basta con cepillar las cenizas antes de comerlo. En cambio, si el pan es grande, el calor intenso puede quemar la corteza. Una manera de evitarlo es envolverlo en hojas ya sean de hortaliza o de árbol. En el norte de España, igual que en otras zonas del mundo, se conserva esta costumbre, que se ha usado para proteger las piezas en hornos de leña e incluso ha llegado a la cocción en hornos modernos. Tras la larga cocción, las hojas de berza o repollo dan un leve amargor que combina con el dulzor del maíz. En cuanto a las harinas de maíz molidas a la piedra, hay que decir que pueden variar mucho en su capacidad de absorber agua. Las fotos de la textura de la masa dan una mejor idea que los gramos.

Método

El día anterior, prepara la masa madre y ferméntala al menos 12 h por encima de 20 °C. Escalda la harina de maíz usando aproximadamente 750 g del agua, muy caliente, casi hirviendo (1).

Al día siguiente, mezcla todos los ingredientes. La textura será muy pegajosa, casi barro (2).

Asegúrate de mezclarlo todo bien, deshaciendo la masa madre para que se integre por completo. Dejar reposar la masa 10 min y vuelve a mezclar vigorosamente.

Forra con hojas de berza o repollo un molde redondo de bizcocho de unos 30 cm de diámetro (3). Llena con la masa el molde (4), tendría que llegar unos 3 cm por debajo del borde. Espolvorea con harina, te servirá para comprobar el crecimiento del pan (5).

Fermenta 2.30-3 h, hasta que la masa sobresalga un poco por encima del borde (6), y cuécelo a 250 °C, calor arriba y abajo, con vapor durante 10 min (pp. 56-57), y después otras 2-2.30 h a 200 °C ya sin vapor, calor arriba y abajo. Desmolda y dejar enfriar en una rejilla. Es un pan que, por sus ingredientes, cantidad de agua y proceso, está mejor bien asentado.

Cocción al baño maría

Pan en lata al estilo del Upplandskubb

Los panes cocidos a baja temperatura durante largo tiempo ofrecen un dulzor y una jugosidad asombrosas, y son comunes en distintos lugares. En el mundo del centeno, hay miembros de esta familia en todo el norte de Europa, desde el *hverabrauð* islandés, un pan cocido con el calor termal de los géiseres, al *Pumpernickel* alemán, cocido en horno a baja temperatura durante más de 20 h. Esta versión en lata se inspira en un pan tradicional sueco y es una masa dulzona y jugosa genial para un bufet de inspiración nórdica.

Ingredientes

Masa madre (la noche anterior)

- 80 g de harina integral de centeno
- 80 g de agua a 35 ºC
- 10 g de masa madre activa

Masa final

- 170 g de masa madre
- 150 g de harina blanca de centeno
- 200 g de harina de fuerza
- 260-280 g de agua
- 20 g de miel
- 6 g de sal
- 20 g de mantequilla

Tras el formado

- 20 g de mantequilla

Método

El día anterior, prepara la masa madre y ferméntala al menos 12 h por encima de 20 ºC.

Al día siguiente, mezcla todos los ingredientes de la masa, será un barro inamasable (1). Trabájalo con las manos en el bol durante un par de minutos para intentar cohesionar bien los ingredientes (2).

Como es difícil que tengas una lata de *Upplandskubb* con tapa, puedes usar latas de conserva vacías y limpias, de las de 800 ml. Unta con aceite o mantequilla las latas y llénalas hasta un poco más de la mitad (3 y 4). Coloca un trocito de mantequilla encima de la masa y tapa rápido las latas con papel de aluminio, sellando bien los bordes.

Deja que fermenten unas 2.30-3 h, hasta que la masa haya crecido notablemente y le falte un par de centímetros para llegar al borde.

Pon las latas a hervir en una olla con agua al fuego mínimo que garantice la cocción y cuécelas entre 2.30 y 3 h. Es muy importante que no entre agua en los moldes; intenta que el agua cubra aproximadamente dos tercios de la altura de estos. Si en la olla queda mucho espacio libre, mete algún objeto (como una taza) para que no puedan volcar (5). Para asegurarte de que los panes están cocidos, puedes medir su temperatura: tienen que pasar de 95 ºC en el centro de la pieza. Sácalos de la olla y deja que se enfríen media hora antes de desmoldarlos. Guárdalos envueltos en tela hasta el día siguiente antes de abrirlos.

¿POR QUÉ ES INTERESANTE ESTA RECETA?

Muestra una técnica alternativa de cocción sin horno que produce unos resultados asombrosos. Presenta un clásico de la panadería nórdica, que en su versión canónica está protegido por una denominación de origen protegida de la UE.

VARIACIONES

Puedes hacer una versión más rápida sin fermentar de este pan (con impulsor químico). Añade pasas u otras frutas secas y especias (cardamomo, hinojo, anís), además de algún sirope oscuro, como el de malta.

Cocción en sartén o chapa

Bollos de espelta integral en sartén

Ingredientes

Escaldado
30 g de harina integral de espelta
60 g de agua hirviendo

Masa final
90 g de escaldado
100 g de masa madre*
400 g de harina integral de espelta
250-270 g de agua
20 g de mantequilla o aceite
8 g de sal

*Consulta el capítulo de introducción para ver las posibilidades (p. 20).

¿POR QUÉ ES INTERESANTE ESTA RECETA?

Aplica una técnica arcaica de cocción a un formato actual que puede resultar un comodín en casa. Es un pan integral que, lejos de ser aburrido, es sabroso, jugoso y muy apetecible por su forma y tamaño. Presenta una técnica para dar más estructura a harinas flojas.

VARIACIONES

Añade algo de harina blanca para hacerlos más ligeros. Puedes añadir alguna especia en el escaldado para que sean aromáticos (anís, hinojo, canela). Con unas pasas serían un bocado que apenas necesita relleno. Usa la misma masa para hacer hogazas grandes cocidas en horno.

Cocer una masa sobre un material caliente es uno de los gestos más arcaicos de la panadería: puede ser sobre una piedra, unas brasas o, más fácil y limpio, sobre una chapa metálica. Por suerte, todos podemos reproducir este gesto milenario en casa... ¡o incluso fuera de ella! Esta técnica es ideal para hacer pan cuando estás de camping, por ejemplo. La espelta es un trigo que puede ser muy flojo, por lo que escaldar una parte de la harina suele mejorar la estructura, además de aportar dulzor y suavidad a la masa.

Método

El día anterior, prepara la masa madre y el escaldado. Para este, vierte el agua hirviendo sobre la harina y revuelve vigorosamente hasta que quede una pasta fina. Déjala reposar bien tapada.

Al día siguiente, mezcla todos los ingredientes de la masa; será una masa algo húmeda, pero con cuerpo (1). Para evitar pasarte de hidratación, guarda un poco del agua para hacer correcciones de última hora. Deja que repose 15 min para que la harina termine de hidratarse. Amásala sobre la mesa; la espelta, al ser tan floja, está lista en apenas unos minutos (2).

Fermenta la masa 5 h con dos pliegues a lo largo del proceso. Pasa la masa a la mesa enharinada y estírala con suavidad hasta formar un rectángulo. Divide la masa en 8 bollos rectangulares (3). Pásalos a una tela enharinada y deja que reposen 1 h más. Estarán hinchados y blanditos (4).

Cuécelos durante un total de unos 10 min en una sartén calentada a fuego medio (5-6 sobre 10), girándolos cada 1 minuto o 2 para que se hagan bien por los dos lados (5). Para incrementar el calor, puedes poner una tapa en la sartén (6). Al final, ambos lados se tostarán, lo que dará una textura y sabor exquisitos. Nada más sacarlos de la sartén, envuélvelos en un trapo para que no se sequen.

COCCIÓN
Fritura

Fritura

Buñuelos de masa madre con manzana y canela

Ingredientes

- 250-275 g de manzana pelada (2 o 3, según el tamaño)
- 15 g de masa madre activa*
- 150 g de harina floja
- 100 g de huevo (aprox. 2 uds.)
- 20-30 g de leche
- 45 g de mantequilla en pomada
- 5 g de canela (1 cda.)
- 6 g de impulsor (1 cda.) (Royal)
- 2 g de sal
- azúcar glas o una mezcla de azúcar y canela para servirlos

*Consulta el capítulo de introducción para ver las posibilidades (p. 20).

¿POR QUÉ ES INTERESANTE ESTA RECETA?

Ofrece la fritura como medio alternativo para cocer una masa fermentada, una técnica muy extendida y antigua que hace de una sencilla masa un producto festivo.

VARIACIONES

Anímate a usar otras frutas, verduras u hortalizas y a hacerlos también en salado. Las verduras u hortalizas, como calabaza o espinacas, tal vez tengas que cocerlas o asarlas antes, y seguramente requerirán que ajustes la hidratación. Prueba a usar harina integral y a variar el especiado con nuez moscada, pimienta de Jamaica, clavo, cardamomo, etc.

En la familia de las masas fritas hay buñuelos y panes sin fermentar, como los *puri* indios, o buñuelos y panes fermentados con levadura, como el *langos* centroeuropeo o las berlinas. Y luego está la posibilidad de emplear la masa madre como agente fermentador, con el añadido de usar la acidez creada durante la fermentación como un potenciador de sabor (del mismo modo que les ponemos limón o vinagre a algunos platos para realzar el sabor). El dulzor de la manzana macerada durante toda la noche se mezcla con los matices acidulados de la masa madre, la canela y la mantequilla; el resultado es un desayuno o merienda memorable.

Método

El día anterior, pela y corta en láminas finas la manzana (1). Mezcla todos los ingredientes de la masa menos la manzana, debe quedar una masa como de bizcocho denso. Una vez mezclado, incorpora la manzana y revuelve bien todo, puedes usar una cuchara o las manos para que toda la manzana quede bien cubierta (2). Deja que fermente toda la noche a temperatura ambiente (20-22 °C). En verano, puedes usar un poco menos de masa madre; en invierno, un poco más.

Al día siguiente, la masa se habrá esponjado algo, pero tampoco muchísimo. Si ves que hay algo de líquido que se ha separado de la masa, revuélvelo para que la masa sea homogénea (3).

Pon a calentar aceite en un cazo o sartén. Intenta no freír demasiados buñuelos a la vez en la olla que uses, para que la fritura sea más homogénea y mejor. Cuando el aceite esté a 170-180 °C, ve echando la masa a cucharadas soperas (4). Intenta que los buñuelos sean todos del mismo tamaño para que la fritura sea pareja.

Utiliza suficiente aceite para que no toquen el fondo. Fríelos 2 min por cada lado (5). Si quieres asegurarte de que están listos, puedes sacar uno y mirar el interior, o bien usar un termómetro y asegurarte de que pase de 90 °C en el centro. Cuando estén listos sácalos a un papel absorbente para eliminar el aceite sobrante. Antes de servirlos espolvorea azúcar glas o bien una mezcla de azúcar y canela (6).

Dr. Pan: cocción

La corteza se pone blanda nada más sacar el pan del horno

En climas húmedos, esto es hasta cierto punto normal, aunque tuvieras un horno profesional. Dicho lo cual, a veces sacamos el pan demasiado pronto del horno. Estudia la corteza de tu pan: corta una rebanada y observa el grosor. Para una hogaza, si el grosor es menor de unos 3 mm, es fácil que se quede blanda enseguida (el pan de Cea, el primero de España en conseguir una IGP, tiene que tener entre 5 y 10 mm de corteza). Vivo en una zona muy húmeda, así que a mis panes rústicos suelo intentar darles más tiempo de horno del que recomiendan algunas recetas. Si el dorado de tu pan te parece bien, pero quieres más corteza, baja la temperatura y aumenta el tiempo de cocción unos 10-15 min. Otra idea es usar el ventilador en la segunda parte de la cocción, cuando ya no hay aporte de vapor. Si lo haces, acuérdate de bajar la temperatura unos 20 ºC respecto a la temperatura recomendada para cocción con resistencia.

La corteza queda muy gruesa

Tal vez estés dando demasiado tiempo de horno. Tal vez tu horno tenga el termostato un poco desajustado o simplemente te gusta una corteza más fina. Para obtener una corteza menos sustanciosa, lo que suelo hacer es aumentar un poco la temperatura de cocción y reducir el tiempo. Así el pan se dora antes, pero está menos tiempo, con lo que sale una corteza más fina, pero dorada.

La corteza queda correosa

Esto puede ser por varias causas. Para empezar, la corteza no es más que la propia masa de pan. Así que intenta que el pan fermente bien y que quede esponjoso, esto hará que la corteza esté compuesta de miles de pequeñas burbujitas de aire que crujirán como un barquillo. Por otro lado, puede que uses una harina muy fuerte y eso dé una textura más correosa; prueba a usar harinas más flojas y verás la diferencia. El uso de nevera también puede causar una corteza más correosa. Prueba a hacer el mismo pan sin nevera y observa el resultado para aprender dónde está la causa.

El pan estalla en el horno y se abre por todos lados

Esto suele ser síntoma de que el pan estaba muy justo de fermentación. Cuando lo abres, la miga suele ser algo densa, lo cual acaba de confirmar la causa. La próxima vez fermenta más tiempo el pan.

El pan no se abre por donde le he dado los cortes

Esto puede ser por dos causas. Por un lado, si tu pan estaba muy fermentado es normal que ya no le quede «fuerza» para seguir creciendo en el horno, así que no se abre. Piensa que los panes que necesitan estallar en el horno, porque así es su estilo, es mejor que entren algo justos de fermentación, mientras que los panes que apenas tienen que abrirse es mejor que vayan largos de fermentación (y consecuentemente, podrán llevar un corte más decorativo y elaborado).

Por otro lado, una mala técnica de horneado suele causar esto, especialmente si no has creado suficiente humedad en el horno o no has podido evitar que el ventilador o la resistencia superior sequen la corteza durante los primeros minutos de la cocción. Intenta concentrarte en controlar estos aspectos.

El pan se abre por abajo o por un lado

Esto está relacionado con el punto anterior. Si no has creado suficiente vapor o bien no has podido evitar que el grill o el ventilador secaran la piel del pan, esta se habrá «fraguado». Como consecuencia, el pan ya no puede crecer hacia arriba, pero si aún le queda fuerza fermentativa, buscará un lugar por donde crecer, y suele encontrarlo en la parte inferior o bien en un punto sin tensión en un lateral.

El pan queda con forma de balón de rugby

Este es el mismo caso que las dos dudas anteriores, falta de humedad en el horno, el horno ha secado la corteza y el pan no ha podido crecer lo que debía.

El pan queda plano

Un «platillo volante» suele estar causado por varios factores (a veces todos a la vez). Puede ser exceso de fermentación o bien que tenga un fallo de estructura. Este puede estar causado por un amasado insuficiente o una falta de pliegues durante la fermentación, o bien por un formado defectuoso; le falta tensión. Tal vez esté relacionado con una harina muy floja para ese proceso en concreto, o bien un exceso de agua para esa harina y ese proceso.

El pan no se dora en el horno

Esto puede ser indicio de un pan sobrefermentado. En este caso, también verías que el pan se cae y tiene falta de volumen (y un sabor muy fuerte y una miga como de magdalena vieja). También puede que no hayas añadido vapor (o que no haya sido suficiente).

El pan se quema mucho por abajo o por arriba

Esto suele ser sencillo de arreglar. Simplemente has puesto el pan en una posición demasiado alta o baja para esa cocción. Normalmente la bandeja del horno que trae refuerzos (o unos rieles deslizantes) suele ser la indicada. Suele estar situada un poco por debajo de la altura intermedia. No obstante, hay hornos que calientan mucho por arriba o por abajo. Así que en la siguiente cocción sube o baja la bandeja hasta encontrar el punto adecuado.

La masa madre: creación, uso y conservación

Introducción general sobre pan

1. **Amasado e hidratación**

2. **Fermentación**

3. **Fermentación mixta**

4. **Centeno**

5. **Nevera**

6. **Cocción**

7. PROYECTO DE FIN DE CURSO

8. **Fuera de programa: masas dulces**

Apéndices y extras

Presentación

Estamos llegando al final del curso. Si seguiste *Pan paso a paso* y has llegado hasta aquí en *Masa madre paso a paso*, tengo un proyecto especial para ti. El aprendizaje basado en proyectos es una estrategia pedagógica muy interesante porque te obliga a movilizar todo aquello que has aprendido y ponerlo en común para llevar a cabo un proyecto. Y esto resulta ser perfecto también para el aprendizaje sobre pan, donde las recetas en sí son bastante estériles y lo que importa es comprender y practicar los procesos.

La idea es que repases los distintos capítulos de este libro (y de *Pan paso a paso*, si lo tienes) y busques relaciones entre los métodos y panes presentes en el libro y los panes o técnicas que conozcas. Aunque no quiero condicionarte, y tienes libertad para completar el proyecto que te apetezca, piensa que las recetas en sí no suelen tener un gran valor (salvo excepciones). Lo interesante suele suceder cuando se explora la manera en que se relacionan entre sí los métodos que hay detrás de las recetas. Es fascinante tirar del hilo e investigar qué vínculos pueden tener, ya sea por proximidad o por oposición, por cercanía o lejanía geográfica, temporal. Por ejemplo, se me ocurren fascinantes proyectos investigando el vínculo técnico de los panes de dos pisos que hay en varias zonas de España (tanto en masa candeal como en trigo duro) con los panes de dos pisos carbonizados de Pompeya. Otra pista podría ser los distintos planteamientos en cuanto a métodos de elaboración de los panes de maíz en Europa (o en España) desde que el maíz llegó de América, lo cual ya pone un marco geográfico y temporal bastante claro. Son solo ideas para que pienses por dónde quieres llevar tus pesquisas sobre métodos y técnicas en el mundo del pan.

Como ejercicio práctico, no solo teórico, te presento el proyecto de fin de curso que he preparado yo. Siguiendo la inspiración musical que anima *Pan paso a paso* y *Masa madre paso a paso*, se me ocurrió preparar una «suite». Según el diccionario, en música, la *suite* es «una composición instrumental integrada por movimientos muy variados, basados en una misma tonalidad».

Si tuviera que elegir un cereal favorito, especialmente relacionado con la fermentación con masa madre, sin duda sería el centeno, por su sabor de complejidad infinita y por las mil variaciones que ofrece en su elaboración. Así que mi proyecto es «La *suite* del centeno y el chocolate». Igual que muchas *suites*, se compone de tres movimientos, en los que los mismos elementos se relacionan, conversan, se dan réplica y crean un universo propio a través de recetas y métodos tanto clásicos como inventados.

El «primer movimiento» de la *suite* es, paradójicamente, un bizcocho, no un pan. Se trata de una masa dulce levada con impulsor químico, pero con la presencia de masa madre de cultivo. La masa madre es el alma de este bizcocho de centeno. Este cereal, que tal vez no es el primero que venga a la cabeza al pensar en dulces, ofrece un resultado espectacular, lleno de sabor y con una jugosidad antológica. Siguiendo el símil musical, la masa madre «suena de fondo», aportando complejidad, pero sin ser la melodía principal.

El segundo movimiento es un pan de centeno que, siguiendo una tradición secular, «come pan» (por eso me gusta llamarlo «pan caníbal»). El uso de pan viejo remojado en la elaboración de masa de pan es antiquísimo y está especialmente vivo en el mundo del centeno. En este caso, la variación es que este pan caníbal no come pan, sino bizcocho de chocolate; recoge así el motivo que se expresó en el primer movimiento. La idea de añadir a un pan de centeno una masa dulce, como un bizcocho (o una magdalena o un resto de sobao pasiego), puede parecer extraña y sin embargo es habitual añadir melaza, miel o sirope de algún tipo, además de especias aromáticas. Así, el bizcocho aporta una nota similar a la que ofrecen los ingredientes citados, creando un nuevo paisaje de sabores.

Finalmente, este juego de espejos del pan de centeno, la masa madre y el chocolate se termina, como tercer y último movimiento, con una tarta de pan tradicional del sur de Dinamarca, la *brødtorte*. Esta sorprendente tarta de pan emplea pan de centeno molido en lugar de harina. Aunque el reaprovechamiento de pan viejo es una técnica clásica, esta tarta podría estar firmada por un cocinero de vanguardia, pero en realidad es una vieja receta de la región de Jutlandia, donde las tartas son una verdadera religión.

Este es mi proyecto de fin de curso. Me gustaría que cogieras papel y lápiz y anotaras cuál podría ser el tuyo: piensa qué parte del libro te ha interesado más, que área del pan quieres investigar, qué métodos, técnicas, ingredientes o recursos te han cautivado. Dedica un poco de tiempo, investiga y haz pruebas. Una vez que lo tengas, me encantaría que lo compartieses conmigo en mis redes sociales o bien que lo documentases para poder consultarlo cuando quieras. Seguro que el proyecto te lleva a nuevos lugares y te hace disfrutar aprendiendo.

PROYECTO DE FIN DE CURSO
Masa dulce con impulsor y masa madre

Masa dulce con impulsor y masa madre

Bizcocho de chocolate 100 % centeno con masa madre

Ingredientes

Masa madre (la noche anterior)

70 g de harina integral de centeno

70 g de agua a 35 °C

10 g de masa madre activa

Masa final

150 g de masa madre de centeno

150 g de harina blanca de centeno

40 g de cacao en polvo

150 g de huevo (aprox. 3 uds.)

195 g de azúcar blanco

80-100 g de leche

60 g de aceite vegetal suave

60 g de mantequilla fundida

6 g de impulsor químico (Royal) (1 cda.)

4 g de canela (1 cda.)

2 g de sal

¿POR QUÉ ES INTERESANTE ESTA RECETA?

Abre la puerta a otra repostería, más densa, pero más sabrosa, y muestra cómo la masa madre, incluso si es una madre de centeno llena de sabor, puede contribuir a elevar el gusto de las masas dulces.

VARIACIONES

Puedes hacer el bizcocho en integral, perderás algo de volumen pero ganarás en sabor y jugosidad. Incorpora tus aromas favoritos, como vainilla o jengibre. Añade frutas confitadas y frutos secos.

Las masas con impulsor, como los bizcochos, suelen jugar la baza de la esponjosidad máxima, y su lista de ingredientes a menudo contiene harina blanca y materias livianas y delicadas. El alma de este bizcocho es masa madre de centeno, con toda su potencia de sabor, y la única harina que lleva es la densa y pesada harina de centeno. Sin embargo, el resultado es sorprendente tanto en sabor como en textura. Es la pieza de introducción a la *suite*, una pieza sencilla, rápida y sorprendente.

Método

La noche anterior, prepara la masa madre; puedes usar harina integral de centeno para obtener más sabor o harina clara de centeno para que sea un poco más ligero. Intenta que fermente toda la noche sin pasar frío, entre 22 y 24 °C si es posible, como mínimo (mejor si es algo más).

Al día siguiente, la masa madre estará esponjosa y aromática (1). Enciende el horno a 180 °C y enaceita y enharina un molde rectangular de unos 22-25 cm de largo.

Mezcla primero las harinas e ingredientes sólidos (menos el azúcar), para que se incorporen de forma homogénea: harina, cacao, canela, impulsor y sal. Prepara ahora los ingredientes líquidos: bate los huevos con el azúcar hasta que este se disuelva por completo; añade a la mezcla la masa madre, la leche (reservando un poco, por si acaso, para hacer correcciones), el aceite y la mantequilla, y bate hasta que la mezcla quede más o menos homogénea.

Mezcla ahora las harinas con los líquidos de forma suave, sin batir demasiado, lo mínimo para que no queden grumos ni mucha harina suelta (2). Llena el molde con la masa (3); llegará hasta un poco más de la mitad (4). Enhórnalo a 180 °C, calor arriba y abajo. Cuécelo unos 65 min y comprueba si está hecho. Puedes usar un palito y ver si sale limpio o medir la temperatura interna con un termómetro y comprobar que pasa de los 93-95 °C. Sácalo del horno, espera 5 min y desmóldalo. Deja que se enfríe sobre una rejilla.

PROYECTO DE FIN DE CURSO
Reciclaje de pan como ingrediente de masa de pan

Reciclaje de pan como ingrediente de masa de pan

Pan caníbal con bizcocho de chocolate

Ingredientes

Masa madre (la noche anterior)

115 g de harina integral de centeno
115 g de agua a 35 ºC
20 g de masa madre activa

Masa final

250 g de masa madre de centeno
75 g de bizcocho de chocolate
75 g de agua para remojar el bizcocho
300 g de harina integral de centeno
100 g de harina panificable
290-300 g de agua a 40 ºC para la masa
11 g de sal

¿POR QUÉ ES INTERESANTE ESTA RECETA?

Muestra cómo una tradición secular (usar pan viejo en la masa de pan) puede ampliarse a productos dulces con grandes resultados. Invita al lector a perder el miedo a jugar y comprender que el sabor del pan (especialmente de centeno) está compuesto de muchos matices, algunos poco evidentes a primera vista.

VARIACIONES

Prueba a canibalizar cualquier masa, por supuesto pan (si lo tuestas, aumentará la profundidad de su sabor), pero también magdalenas, sobaos y masas dulces de todo tipo. Serán ligeras variaciones en las notas finales del pan.

Añadir pan viejo al elaborar una masa de pan es una técnica de reciclaje tan vieja como el pan, y especialmente en el centeno da unos grandes resultados (en Alemania sigue siendo, a día de hoy, una técnica común y apreciada). Una masa hecha con pan viejo no sabe a pan viejo, sino que el añadido aporta sutiles matices, de la misma manera que sucede cuando cambias de harina o empleas ingredientes en cantidades pequeñas, como miel o especias. No va a ser el protagonista, pero va a añadir complejidad. Igual que añadimos miel o melaza a los panes de centeno con grandes resultados, añadir una masa dulce consigue un fondo interesantísimo (e inesperado).

Método

La noche anterior, mezcla el bizcocho y su agua aplastando todo para que quede una pasta (1) y prepara la masa madre; intenta que fermente toda la noche en un sitio tibio, lo más cerca de 22-24 ºC que puedas.

Al día siguiente, mezcla todos los ingredientes. El resultado será un barro denso, pero con cuerpo (2). Deja que la masa repose 15 min para que la harina se hidrate bien. Trabaja la masa dentro del bol apretándola con la mano durante unos 3-5 min (3), procurando que esté a unos 28-30 ºC. Deja que fermente 1.30 h.

Pasa la masa a la mesa bien enharinada y con gran suavidad ve formando una bola compacta (4) y acaba boleándola con suavidad pero intentando que la masa tenga algo de tensión (5). Coloca la masa (con la parte lisa hacia arriba) en un bol forrado, deja que fermente hasta que aparezcan grietas.

Pon la masa sobre una hoja de papel de hornear y deja que se abran unas grietas nítidas (6).

Cuécelo a 250 ºC, calor arriba y abajo, con vapor durante 10 min (pp. 56-57), y luego baja a 210 ºC y continúa otros 45-50 min más, bajando la temperatura al final si se tuesta mucho.

PROYECTO DE FIN DE CURSO
Usar pan de centeno viejo en lugar de harina

Usar pan de centeno viejo en lugar de harina

Tarta de pan, brødtorte

Ingredientes

150 g de pan de centeno viejo, deshecho en migas muy finas o molido

100 g de avellanas molidas

200 g de azúcar

2 cdas. de cacao en polvo

2 cdas. de almidón de maíz

300 g de huevo (aprox. 6 uds.)

2 cdtas. de impulsor químico

Para el relleno

500 ml de nata de montar

150 g de mermelada de arándanos

Para decorar

30 g de avellanas

100 g de frambuesas o arándanos

25 g de chocolate de cobertura rallado o en lascas

El pan viejo se ha usado desde antiguo en mil y una elaboraciones, tanto dulces como saladas. Las migas, las sopas y las tostadas de pan viejo remojadas y fritas son algunas de las más habituales. En el sur de Dinamarca, que tiene una gran tradición de dulces, la tarta de pan es una de las recetas esenciales. En esta elaboración el pan se muele y ocupa el lugar que tendría la harina en cualquier bizcocho al uso: el resultado es sorprendente. Se trata de una tarta ligera y exquisita, en la que el bizcocho tiene mil matices, ya que también contiene frutos secos molidos.

Método

Calienta el horno a 180 °C y enaceita y enharina un molde redondo de bizcocho de unos 25 cm de diámetro.

Primero separa las claras de las yemas. Blanquea las yemas con el azúcar durante varios minutos hasta que queden esponjosas y finas. Ahora monta las claras hasta una textura intermedia (1). Combina todos los ingredientes secos para formar una mezcla uniforme (avellanas molidas, cacao en polvo, almidón de maíz, impulsor químico y pan viejo). Echa la mezcla de los ingredientes secos al bol con las yemas blanqueadas y revuélvelo todo con delicadeza usando una espátula (2). Ve echando ahora esa mezcla al bol de las claras montadas e incorpórala con suma delicadeza, con movimientos envolventes (3). Finalmente, vierte la masa en el molde (4).

Cuécelo a 180 °C durante unos 40-45 min, hasta que una varilla salga limpia. Deja que el bizcocho se enfríe por completo y pártelo horizontalmente en dos, creando dos discos iguales (5).

Monta la nata hasta que esté firme. Unta la parte inferior del bizcocho con la mermelada y luego, por encima de esta, con la mitad de la nata montada. Coloca encima el segundo disco de bizcocho y úntala con el resto de la nata montada. Finalmente, decora con arándanos o frambuesas, avellanas enteras o partidas y chocolate rallado o en lascas.

¿POR QUÉ ES INTERESANTE ESTA RECETA?

Presenta una receta clásica que amplía nuestro horizonte del uso del pan viejo. En este caso, crea un dulce de celebración

VARIACIONES

Corta el bizcocho en más capas, incorporar más frutos secos o varía el tipo de mermelada del relleno. También puedes omitir el cacao y hacer que el gusto del pan cobre más relevancia.

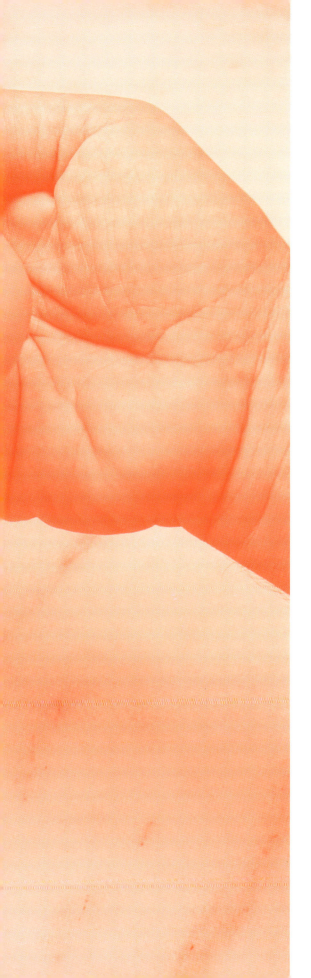

La masa madre: creación, uso y conservación

Introducción general sobre pan

1. **Amasado e hidratación**

2. **Fermentación**

3. **Fermentación mixta**

4. **Centeno**

5. **Nevera**

6. **Cocción**

7. **Proyecto de fin de curso**

8. FUERA DE PROGRAMA: MASAS DULCES

Apéndices y extras

Presentación

Este capítulo no tendría que estar en este libro
Escribí este último capítulo (que contenía más recetas), pero acabé eliminándolo del índice final, ya que me parecía que tenía un nivel de dificultad que escapaba al espíritu del libro, que intenta ofrecer recetas asequibles, que salgan bien y que produzcan satisfacción al hacerlas. No obstante, pensando en la satisfacción que produce hacer pan, he decidido finalmente incluirlo, pero fuera de la estructura de contenidos esenciales del libro. Siguiendo la inspiración musical que anima *Pan paso a paso* y *Masa madre paso a paso*, esto sería como el bis de un concierto, algo «fuera de programa». Estas son las páginas más densas, laboriosas y complicadas del libro. Elaborar una masa dulce fermentada con masa madre de cultivo es una experiencia apasionante, pero también puede resultar frustrante. Por eso te invito a que solo afrontes este capítulo si ya has adquirido un buen dominio de los procesos y técnicas de fermentación, amasado y manipulación expuestos a lo largo del libro.

Masas reales e irreales
Cuando pensamos en un pan de masa madre, lo más habitual es que nos vengan a la cabeza imágenes de hogazas de buen tamaño, panes rústicos con corteza poderosa y miga irregular de color cremoso. La barra de pan, con su corteza más fina, su miga más clara y su textura más ligera es probable que no sea el primer pan en el que pensemos, y menos aún un pan dulce como un brioche o un panettone. Y, sin embargo, hay masas dulces que tradicionalmente se han hecho con masa madre. No obstante, actualmente una parte importante del pan que se produce está tan adulterado que hace falta un poco de contexto y reflexión para entender y apreciar las masas dulces bien hechas.

Por un lado, tenemos que pensar en que en el siglo pasado hubo un gran cambio en los gustos y las costumbres relacionadas con el pan. En buena parte del viejo mundo, los movimientos masivos de población del campo a la ciudad significaron un cambio en los hábitos alimentarios. Desde el punto de vista técnico, la disponibilidad de harinas molidas a cilindro (más blancas y ligeras) junto con la ubicuidad de la levadura y los mejorantes dieron como resultado el pan de diario más ligero que se ha conocido, lo cual a menudo no es un gran cumplido, ya que es un pan de calidad mediocre. Si le dieras una barra de pan «del súper» a alguien del siglo XVI probablemente no entendería lo que está comiendo. Seguramente alucinaría al probar algo tan delicado y esponjoso, más ligero que el más ligero de los panes festivos que hubiese probado en su vida. A veces se nos olvida cómo el abuso de los aditivos panarios y la levadura ha conseguido cambiar la percepción de la mayoría de la población sobre lo que es el pan, la mezcla fermentada de harina, agua y sal. Curiosamente, uno de los campos donde esto ha tenido peores consecuencias es en el de las masas dulces; muchas barras de diario son más ligeras de lo que tendría que ser un brioche. La bollería es un mundo a caballo entre la panadería (por fermentación) y la pastelería (por ingredientes) que consigue piezas imposiblemente ligeras y suculentas gracias a la magia del gluten aliñado con mantequilla, huevos y azúcar (bueno, y gracias a la fermentación, claro). Por desgracia, tengo la impresión de que la textura artificial del pan de diario actual puede hacer que la gente se sorprenda menos ante el bocado mágico de un bollo.

La magia de la bollería de masa madre

En una masa de brioche, como un roscón de Reyes, se produce un efecto increíble por el cual los ingredientes que tendrían que hacer que el resultado fuera más pesado y graso consiguen una miga liviana y delicada. Esto ya es de por sí increíble, y luego está el mundo de las masas dulces fermentadas con masa madre de cultivo. Después de un largo y laborioso proceso se consigue no solo una gran esponjosidad, sino que desaparezca la acidez natural de la masa madre de forma casi mágica, algo asombroso. La guinda del pastel es que en el proceso, a nivel microscópico, se producen sustancias que consiguen una miga fundente y jugosa que otorgan a las piezas elaboradas de esta manera una gran conservación.

La elaboración de una masa madre para bollería es laboriosa. Los sistemas clásicos de fermentación de panettone son apasionantes, pero también muy exigentes en cuanto al control del proceso, la temperatura, los tiempos, las harinas, etc. Para este capítulo me he inspirado en un sistema similar que se basa en los mismos principios, pero es más asequible. Está inspirado en las ideas del panadero Ian Lowe («A piece of bread» en las redes sociales).

Para que puedas aprender y practicar, he escogido una receta clásica de brioche, con huevo en la masa como único líquido y una buena cantidad de mantequilla, que muestra todos los pasos esenciales para tener una buena masa dulce, en cuanto a preparación, manipulación, fermentación y horneado. La puedes usar como base y adaptarla a tus gustos, será una gran aventura.

Cómo preparar una masa madre dulce

La fermentación de masas dulces con masa madre es un asunto complejo con mil matices y sutilezas. Conozco muchos panaderos que caen embrujados ante el desafío que esto supone. En casa, el método de Ian Lowe consigue unos grandes resultados de una manera más sencilla y asequible, y es una buena puerta de entrada al mundo de lo que los italianos llaman *grandi lievitati* (panettone, colomba, pandoro, etc.).

Para preparar la masa madre dulce puedes partir de la masa madre que uses. Yo lo suelo hacer con masa madre sólida (porque uso a menudo masa madre sólida) y me da muy buenos resultados, pero en realidad la masa madre líquida incluso sería más indicada. Usa harina blanca de fuerza y respeta las proporciones, tiempos y temperaturas.

Los refrescos previos

Lo primero que hay que hacer es poner la masa madre en forma, lo que se consigue con una serie de refrescos consecutivos. Para empezar, lo ideal sería que la masa madre de la que partes fuera una masa madre activa. Es decir, puedes aprovechar un día que hagas pan y utilizar como base un poco de la masa madre que has refrescado para el pan y que (según lo visto en los capítulos dedicados a fermentación de pan con masa madre) estará muy activa y con una acidez controlada.

Partiendo de esa madre activa, lo que haremos es darle 2 o 3 refrescos consecutivos para preparar a las poblaciones de microorganismos de cara a lo que viene. Si tu masa madre está muy activa, la conoces y la controlas, puedes hacer solo 2 refrescos. Si quieres asegurarte de que tu masa madre llegue en plena forma, dale 3. Estos refrescos serán con la misma proporción de masa madre que de harina. Es decir, si usas masa madre líquida, usa 20 g de masa madre, 20 g de harina y 20 g de agua. La idea es que la masa madre sea capaz de doblar (al menos) su volumen en unas 3 o 4 h a unos 26 ºC. Si dobla al cabo de 3 h, genial. Si tarda 4, aún lo puedes conseguir.*

Estos refrescos nos llevarán todo el día, ya que 3 refrescos de unas 3 o 4 h son casi 12 h. Una buena idea es empezar por la mañana para preparar la masa madre dulce por la noche, antes de acostarte. Por ejemplo, puedes hacer los refrescos a las 10.00, 14.00 y 18.00 h, y así para las 21.00 o 22.00 h estarías listo para preparar la masa madre dulce.

La masa madre dulce en sí

Lo que vamos a hacer ahora es algo extraño. Se trata de hacer un último refresco, pero incorporando una gran cantidad de azúcar. Esto va a provocar dos cosas muy llamativas. Por un lado, será un refresco muy largo, ya que la masa madre se va a ralentizar por efecto del azúcar. Por otro lado, cuando acabe este refresco la masa madre habrá cambiado, y no por el sabor dulce, sino porque habrá perdido todo rastro de acidez, será como si no hubieras usado masa madre. ¿Qué es lo que ha pasado en la masa? Esa cantidad de azúcar es un gran obstáculo para las levaduras, hace que les cueste mucho arrancar la fermentación. Pero la peor parte se la llevan las bacterias responsables de acidificar la masa, que directamente se paran en seco; es el mismo principio que hace que un panettone no sea ácido.

En este refresco en dulce vamos a usar un 30 % de azúcar sobre el peso de la harina. Para facilitarte los cálculos, aquí están las cifras para conseguir al final 100 g de masa madre dulce activa y lista (la receta de brioche que se propone usa exactamente esa cantidad): 50 g de harina de fuerza, 20 g de masa madre líquida con 3 refrescos, 15 g de azúcar y 15 g de agua.

Mezcla los ingredientes de la masa madre dulce, amasa muy bien la bola de masa y deja que fermente sobre los 26 °C unas 10-12 h, hasta el día siguiente. Tras ese reposo, la masa tendría que haber doblado su volumen como poco. Ya estás listo para hacer el brioche o la elaboración dulce que quieras. Puedes variar las proporciones si haces más o menos, pero conserva la relación de masa madre dulce, harina y azúcar para que los resultados sean los esperados.

Cantidades

El proceso encadena al menos 4 refrescos consecutivos, por lo que la cantidad de masa madre se puede multiplicar exponencialmente a menos que uses muy poca cantidad de harina para los refrescos o descartes parte de esos refrescos y los uses en alguna de las elaboraciones del libro. Una cantidad razonable es usar 20 g de harina por refresco durante los 3 primeros refrescos preparatorios. Esto sería 20 g harina, 20 g de masa madre y 20 g de agua. De ese modo, de los 60 g de masa madre que salen, para el siguiente refresco te quedas solo 20 g y los otros 40 g de cada refresco los puedes meter en un bote para usarlos en un pan.

*Si tu masa madre tarda más de 4 h en doblar su volumen a unos 26 °C, intenta tenerla «en el gimnasio» durante varios días antes de intentar hacer masa madre dulce (aliméntala con harina integral, dale varios refrescos seguidos para que coja fuerza, vigila la temperatura).

FUERA DE PROGRAMA: MASAS DULCES
Masa enriquecida de fermentación natural

Masa enriquecida de fermentación natural

Brioche de masa madre

Ingredientes

100 g de masa madre dulce lista*

280 g de harina de fuerza

150 g de huevo (aprox. 3 uds.)

85 g de azúcar

10-20 g de agua opcionales, si la masa inicial está tan seca que no se puede amasar

5 g de sal

95 g de mantequilla a temperatura ambiente

huevo para pincelar

*Consulta las páginas 168-169 para ver el proceso de elaboración.

¿POR QUÉ ES INTERESANTE ESTA RECETA?

Es la puerta de entrada a la fermentación natural de masas dulces enriquecidas y muestra varios métodos para afrontar el desafío de las masas dulces sin levadura. Es la receta más laboriosa y lenta del libro, en la que se exploran muchos de los aspectos tratados.

VARIACIONES

El brioche es una masa base muy versátil: cambia el tamaño y el formato. Haz bollos, prueba con la *tarte au sucre* (extiende la masa en un molde redondo y «entierra» en ella cubitos de mantequilla, espolvorea con azúcar y cuécela; al salir del horno la puedes rociar con licor —o miel diluida— y algún zumo de cítrico).

La masa madre permite hacer muchos tipos de panes, como hemos visto a lo largo del libro. Sin embargo, tal vez sea en las hogazas rústicas donde más brillan las características que otorga de forma natural la masa madre. No obstante, existe toda una familia de masas fermentadas con masa madre que ofrecen resultados inesperados de esponjosidad, textura y sabor: las masas de bollería. Esta receta es la más complicada de todo el libro y quiere ser una introducción al mundo de las masas de bollería de fermentación natural.

Método

El día anterior, prepara la masa madre dulce según las indicaciones de las páginas 168 y 169. Por la mañana, mezcla todos los ingredientes del brioche salvo el azúcar y la mantequilla: quedará una masa bastante seca (1); corrige mínimamente con agua si lo necesitas, pero piensa que el azúcar y la mantequilla la ablandarán mucho. Amasa 5 min hasta que la masa se afine y coja músculo. Divide el azúcar en tres partes iguales. Incorpora un tercio y amasa hasta que dejes de notar la sensación granulosa del azúcar en la masa (2). Repite el mismo proceso con los otros dos tercios. La masa estará más ligera, puedes usar la técnica de amasado para masas húmedas.

Divide la mantequilla en trozos e incorpórala a la masa apretujando (3). Al principio costará, pero la mantequilla irá absorbiéndose. Ahora amasa hasta que quede totalmente fina y sedosa (4), será un amasado largo. Coloca la masa en un contenedor y fermenta unas 8 h. No tiene que haber un gran desarrollo, no te preocupes si no sube apenas.

Para facilitarte el formado, puedes meter la masa en la nevera 2 o 3 h. Finalmente, divide la masa en 12 piezas iguales y boléalas con tensión (5). Unta con mantequilla y harina dos moldes rectangulares de bizcocho de unos 20-22 cm. Coloca en cada molde seis bolas en dos hileras y pincela el brioche con huevo batido.

Fermenta el brioche unas 12-16 h a unos 26-28 °C, hasta que haya llegado casi al triple de su volumen. Pincélalo otra vez con huevo batido (6) y cuécelo en el horno a 180 °C, calor arriba y abajo, durante unos 25 min.

Dr. Pan: masas dulces

Mi masa madre no consigue doblar el volumen en 4 h

Una masa madre sana y activa en principio tendría que ser capaz de producir suficiente gas en 4 h a unos 26-28 °C. Así que puedes comprobar varias cosas. Por un lado, asegúrate de que tu masa madre está a la temperatura indicada. Esto puede ser un gran desafío en climas fríos. Consulta el capítulo inicial en el que se dan consejos para crear calor en casa. Por otro lado, la harina de fuerza suele ser más «lenta», comparada con una harina floja o una integral, ya que tiene menos actividad enzimática. Prueba a cambiar de harina; a veces un lote de harina puede estar un poco descontrolado. Otra opción es hacer la masa madre en sólido. De esa manera es más fácil de calentar, ya que al amasarla con tus manos le transmites calor, y la masa madre en sí no pierde nada de gas, por lo que a veces te sorprendes y ves que una misma masa madre usada en sólido consigue alcanzar más volumen que en líquido. Como alternativa final, si ves que tu masa madre no funciona bien tras darle 2 o 3 días de mimos (refrescos continuos, no meterla en la nevera, controlar la temperatura, cambiar de harinas, etc.), te recomiendo que pruebes otra masa madre, para saber si el fallo está en la masa madre o en alguna parte del proceso que usas. Si no puedes encontrar un amigo que tenga masa madre (hoy en día, con las redes sociales, se consigue cualquier cosa), prueba a iniciar una desde cero prestando atención en que esté activa.

Al amasar, antes de incorporar la mantequilla, la masa no se cohesiona

Uno de los efectos más curiosos del azúcar sobre las masas es que, en gran cantidad, dificulta la formación del gluten, ya que hay una gran competencia por el agua necesaria para ello. Por este motivo, es normal que al comienzo del amasado de una masa con el 30 % de azúcar cueste mucho amasarla y conseguir un gluten elástico. No desesperes, intenta incorporar el azúcar a tercios o a cuartos, nunca todo a la vez. Incorpora un tercio o un cuarto del azúcar y amasa tranquilamente, sin prisa, y verás como al final la masa absorbe el azúcar. Una técnica alternativa consiste en diluir el azúcar en el huevo. Para ello, casca los huevos, añade el azúcar y bate rápidamente con unas varillas hasta que el azúcar se haya disuelto por completo. Si dejas el azúcar y el huevo juntos sin batir más tiempo de la cuenta, acabarás teniendo grumos, ya que (por así decirlo) el azúcar «cocina» el huevo. Por este motivo, intenta hacerlo con la mayor rapidez posible. Una vez tengas la mezcla de huevos y azúcar, añade la harina y empieza a amasar. Seguirá costando formar un buen gluten, pero tal vez se te haga más llevadero.

¿Puedo usar harina integral o azúcar moreno para la masa madre dulce?

La harina integral suele incrementar la acidez de la masa madre y el pan. Por ese motivo, si te apetece usar algo de integral te recomendaría que fuese en la masa final, no en los refrescos previos de la masa madre o en la masa madre dulce. Lo mismo se puede decir de la miel, azúcar moreno y demás. Si te apetece usarlos en la elaboración, empléalos en la masa final.

Me es imposible formar la masa, está demasiado blanda

La textura de la masa de un brioche es bastante ligera. Por ese motivo, es difícil formar algunas piezas más ambiciosas, como trenzas o bollos. Para conseguirlo, la manera más sencilla es refrigerar la masa 2 o 3 h, para que se endurezca.

He amasado el brioche y lo he puesto a fermentar, pero tras 8 h no ha subido nada

Esto es totalmente normal. Como indica la receta, aunque parezca extraño, durante ese tiempo la masa no tiene por qué dar signos de vida, así que hay que tener un poco de confianza en que hemos llevado a cabo todos los pasos del proceso correctamente. Aunque no te parezca que ha hecho gran cosa, fórmalo y ponlo a fermentar las 12 h que le faltan.

He esperado toda la noche a que la masa de brioche ya formada fermente, pero no ha crecido

Aquí pueden pasar varias cosas. Aunque parezca mentira, la respuesta más sencilla es que esperes. Así de fácil. A veces no has controlado bien la temperatura (sobre todo en invierno), y a la masa simplemente no le ha dado tiempo. Otra opción es que la masa madre de partida no estuviera en forma, de ahí lo importante de los refrescos previos y de asegurarte de que la masa madre doble en unas 3 o 4 h.

Ha crecido, pero no sé si meterlo en el horno ya

El punto de fermentación de las masas de bollería desafía uno de los mitos más oídos de la panadería, aquello de «fermentar hasta que doble el volumen», ya que un brioche tiene que triplicar su volumen. Es difícil de juzgar el volumen de una masa, pero si va en un molde (como la receta del libro) es fácil tener una referencia. Otra herramienta que puedes usar es el tacto. La masa de brioche no debería rebotar con fuerza si la aprietas con el dedo. Si ves que aún tiene mucho músculo, deja que fermente más tiempo.

El brioche ha salido ácido

El error suele estar en la masa madre; o bien estaba pasada o bien la has usado sin asegurarte de que en los refrescos previos estuviera bien en forma.

10:30h 25

La masa madre: creación, uso y conservación

Introducción general sobre pan

1. **Amasado e hidratación**

2. **Fermentación**

3. **Fermentación mixta**

4. **Centeno**

5. **Nevera**

6. **Cocción**

7. **Proyecto de fin de curso**

8. **Fuera de programa: masas dulces**

APÉNDICES Y EXTRAS

Cronograma de las recetas

La elaboración de pan con masa madre requiere una buena planificación, entre otras cosas para dedicarle el tiempo justo y no ser esclavos de la masa. Si calculas tanto las cantidades de masa madre que fermentas como los tiempos de fermentación, y los adecúas a la temperatura ambiente (o a la que puedas crear, tanto con calor como con frío), el proceso será razonablemente predecible y lo podrás adaptar a tu horario. Una idea clave es que los tiempos son una mera aproximación, y que dependerán sobre todo de la temperatura de fermentación, pero también de factores menos evidentes como el estado de la propia masa madre o la harina empleada (ya que unas fermentan más rápido que otras).

A continuación se presentan los tiempos de fermentación aproximados de las recetas del libro, para que de un vistazo puedas hacerte una idea del rango de tiempo que necesita cada receta en concreto. Se trata de una tabla aproximada, en la que (por necesidad de espacio) algunas partes del día aparecen con una longitud simbólica (por ejemplo, la noche). En el día de amasado y fermentación cada cuadrado representa aproximadamente una hora. No obstante, tienes que tener en cuenta que se trata simplemente de una estimación, cuyo único objetivo es que, de un solo vistazo, te puedas hacer una idea de las posibilidades de fermentación y de la duración aproximada de cada receta. Por supuesto, lo esencial es que mires cómo está la masa, no lo que dice el reloj.

En la tabla utilizo las siguientes abreviaturas y colores

R = Refresco
RN = Refresco nocturno
A = Amasado
P = Pliegue
FO = Formado
NE = Fermentación en nevera
HO = Horneado/cocción

F1   1.ª fermentación
F2   2.ª fermentación

Cronograma de las recetas

65	Hogaza de masa madre sencilla (amasada con pliegues, sin formado sobre mesa)
67	Pan de molde de masa madre con patata asada
69	Chapata de masa madre (fermentación en nevera)
71	Candeal de masa madre
73	Pan semiintegral con frutos secos (sin amasar ni formar)
79	Hogaza de 3 kilos (sin amasado)
81	Pan inspirado en el «Extreme» de Dan Lepard
83	Barrotes semiintegrales de aceitunas (sin amasado ni formado)
85	Pan de centeno con semillas de girasol
87	Pan de frutas nórdico
89	Tortitas de avena fermentada
97	Pan del 2
99	Centeno aromático con higos e hinojo
101	Rosca de mentirijillas con sésamo
103	Torta de aceite (sin amasado)
105	Barritas de algarroba
111	Pan de centeno «automático»
113	Centeno rústico alemán 100 % integral
115	Pan de mezcla estilo *Mischbrot*
117	Bollos tiernos de centeno, trigo y avena con anís, mantequilla y miel
119	Pan de centeno al estilo danés, *rugbrød*
127	Rosca multisemillas
129	Barrote de pasas y nueces
131	Hogaza de trigo duro
133	Hogaza sin refrescos de la masa madre
135	Pan de trigo duro y centeno con anís y aceite de oliva
143	Pan de Instagram
145	Broa, pan de millo
147	Pan de lata al estilo del *Upplandskubb*
149	Bollos de espelta integral en sartén
151	Buñuelos de masa madre con manzana y canela
159	Bizcocho de chocolate 100 % centeno con masa madre
161	Pan caníbal con bizcocho de chocolate
163	Tarta de pan, *brødtorte*
171	Brioche de masa madre

Leyenda:

- **R** Refresco
- **RN** Refresco nocturno
- **A** Amasado
- **P** Pliegue
- **FO** Formado
- **NE** Fermentación en nevera
- **F1** 1.ª Fermentación
- **F2** 2.ª Fermentación
- **HO** Horneado

Apéndices y extras

Última lección

Documentar como parte del proceso

Aprender a hacer pan de masa madre, llegar a comprender y dominar las técnicas, es un proceso que te llevará tiempo y dedicación. Por eso es muy interesante que documentes lo que haces; una manera sencilla de hacerlo es tomar fotos y apuntes de las características de cada masa, de cada refresco, las cantidades, la temperatura, los tiempos. Para lo primero te sirve el móvil (que guarda la fecha y la hora de cada foto), y para lo último, lo mejor es tener una libretita, ya sea de papel o electrónica.

Intenta documentar cada paso del proceso, incluso los detalles anodinos y aparentemente insignificantes; tal vez estos acaben teniendo gran importancia y te hagan llegar a la clave que te faltaba para lograr el pan que deseas. Es como cuando estás de viaje y tomas una fotografía espontánea en una gasolinera. Con el tiempo, tal vez esa instantánea acaba siendo, de forma inesperada, la que capture la esencia de esa escapada. Puede que incluso, sin saber cómo, aquella foto sea en la que tus hijos o tus amigos te recuerden mejor. Del mismo modo, los sutiles detalles de aspecto, olor, gusto o textura a menudo nos ayudan a comprender y desarrollar un conocimiento más preciso.

Embarcarse en la aventura de aprender una nueva disciplina puede parecer abrumador, pero una lección que no debes olvidar es que, una vez que te has puesto a ello, te acompaña la reconfortante certeza de que tienes que hacerlo mal para poder llegar a hacerlo bien, lo cual es muy liberador: te esperan panes mediocres, con mil y un defectillos, del mismo modo que a lo largo de un viaje te esperan carreteras mejores y peores, la posibilidad de la lluvia, la niebla o el frío. Sé comprensivo con tus errores: si perseveras, siguiendo las indicaciones dadas, acabarás llegando, es la reconfortante sensación de estar ya en camino.

IDEAS PARA CREAR TUS PROPIAS RECETAS

El porcentaje del panadero

Una manera muy interesante de pensar y expresar las recetas de pan es tomar como referencia la cantidad de harina empleada. Así, en una receta cualquiera, al calcular los ingredientes, ya no lo haremos pensando en el peso total de la masa, sino en el peso de la harina. A esto se le suele llamar el porcentaje panadero o del panadero.

Como ejemplo, si tomamos una receta sencilla como esta: 500 g de harina, 330 g de agua, 200 g de masa madre líquida y 10 g de sal, veremos que en realidad lo que estamos expresando es: 100 % de harina, 66 % de agua, 40 % de masa madre, 2 % de sal. De este modo, las cifras siempre son sencillas y tienen una relación lógica. La harina (o suma de harinas) siempre será el 100 %, el agua estará en la mayoría de los panes entre el 60 % y el 80 %, aunque en algunos llevará tan poca como el 40 % y en otros podrá llevar el 100 % o más (es decir, hay panes con tanta agua como harina, incluso más).

Si repasas el primer capítulo de recetas, en el que trato de la hidratación de la masa y las distintas técnicas de amasado, verás que hay panes que varían muchísimo en la cantidad de agua que se emplea por harina. El pan candeal suele llevar entre un 40 % y un 50 % de agua sobre harina; es decir, de 400 g a 500 g de agua por 1.000 g de harina. Por el contrario, un pan de alta hidratación como un pan gallego o una chapata puede llevar muy fácilmente del 80 al 100 % de agua por harina.

Sobre la sal

En las Baleares, donde vivo, el pan tradicional no suele llevar sal, igual que pasa en otros lugares, aunque lo más habitual en nuestro entorno cultural es que la sal esté cerca de 2 % sobre el peso de harina. Hace tiempo que las autoridades sanitarias recomiendan bajar la cantidad de sal del pan, por ejemplo al 1,8 % o 1,6 %. Pensar de esta manera la sal es muy cómodo, ya que no has de llevar en la cabeza cifras extrañas, sino que es todo fácil de recordar.

Además de potenciar el sabor, la sal tiene una importante función como reforzadora del gluten y también contribuye al dorado de la corteza. Sabiendo esto, puedes bajar la sal tanto como quieras, incluso suprimirla, siendo consciente del impacto que esto tendrá en tus masas. Si te decides a hacer panes sin sal o con menos sal, ten en cuenta que la masa será más floja, así que puedes reducir un poco la hidratación e incorporar más fuerza a la masa mediante pliegues y un buen formado. Y piensa también que la sal ralentiza la fermentación, por lo que un pan sin sal fermentará más rápido.

Azúcares y grasas

Aunque tanto el azúcar como algunas grasas (mantequilla, manteca de cerdo o cacao) son sólidas a temperatura ambiente, tienen el efecto de aflojar la masa, casi como si fueran un líquido. Si los usas, tenlo en cuenta y parte de una masa más seca de lo habitual, ya que estos ingredientes harán que la masa sea más pegajosa y blanda. Por si fuera poco, tanto el azúcar como las grasas dificultan la formación del gluten, por eso es una buena idea amasar la masa antes de incorporarlas, para así poder desarrollar el gluten cómodamente.

Cálculos y matemáticas panaderas

Como hemos visto, el porcentaje del panadero es un sistema genial para visualizar las recetas de forma muy sencilla, es como tener rayos X y verlas por dentro, y así poder entender su estructura y su lógica. No obstante, al incorporar masa madre, tienes que pensar que la masa madre en sí está formada por harina y agua. Es decir, mientras que una receta sin fermento alguno podría ser como la del ejemplo anterior (100 % de harina, 70 % de agua, 2 % de sal), cuando le añadimos un 40 % de masa madre líquida, debemos tener en cuenta que en esa madre líquida hay un 20 % de harina y un 20 % de agua, lo cual es muy importante por varios motivos. Para empezar, para tener control sobre la hidratación total de la receta y también para saber cuánta harina hay que salar. Piensa en las recetas de centeno del libro, hay varias que tienen tanta masa madre como harina y hay alguna que tiene más masa madre que harina. Es decir, si te olvidases de la harina que contiene la masa madre el pan no saldría muy bien.

Cuando prepares tus recetas no olvides hacer los cálculos sobre el total de harina. Por ejemplo, fíjate en cómo en la fórmula del ejemplo anterior hay escondidas varias «trampas» que te pueden confundir y hacer que acabes con una masa que no es la que quieres: 200 g de masa madre líquida, 500 g de harina, 330 g de agua, 10 g de sal.

En realidad, el total son 600 g de harina (100 g en la masa madre y 500 g en la masa final) y 430 g de agua (100 g en la masa madre y 330 g en la masa final). Si calculases el porcentaje de agua solamente de los ingredientes de la masa final (500 g de harina y 330 g de agua), la hidratación sería del 66 %, pero en realidad la hidratación final de la masa es del 71,6 %, ya que son 600 g de harina y 430 g de agua. Del mismo modo, es esencial saber cómo es la masa madre, ya que si en lugar de ser líquida (con tanta harina como agua) fuera sólida (por ejemplo, con el doble de harina que de agua), los porcentajes serían muy distintos. En 200 g de masa madre sólida hay unos 133 g de harina y unos 67 g de agua. Es decir, el total serían 637 g de harina y 407 g de agua, con lo que la hidratación total de ese pan sería el 63,9 %; es una diferencia notable.

Calcular ingredientes según el peso de una masa

Puede que quieras hacer una cantidad determinada de pan. Para eso lo primero que tienes que pensar es que el pan pierde mucha humedad en el horno, fácilmente el 20 % o 25 %. Es decir, si quieres hacer un pan de 1 kg, tendrás que anticipar esa merma y prever al menos 1.200 g de masa. ¿Cuántos gramos de cada ingrediente necesitas en este caso? Si usamos la receta del ejemplo anterior tenemos 1.040 g (200 g de masa madre líquida, 500 g de harina, 330 g de agua y 10 g de sal). Podrías hacer una regla de tres, pero una manera más sencilla es mirar los porcentajes. Sobre el 100 % de harina de la masa final (esos 500 g), tenemos: 40 % de masa madre, 66 % de agua y 2 % de sal. Si sumas todas esas cifras de porcentaje, el total es 208 (100 + 40 + 66 + 2). Es decir, da igual la cantidad de masa que hagas, esta masa tendrá 208 partes. Así que solo tienes que pensar la cantidad de masa que quieres, en este ejemplo 1.200 g, y dividirla por 208, para saber cuánto pesa cada parte. En este ejemplo 1.200 / 208 = 5,77. Así que para saber cuánto necesitas de cada ingrediente tienes que multiplicar 5,77 por su cifra en porcentaje: 100 % de harina = 577 g; 40 % de masa madre = 231; 65 % de agua = 381 g; 2 % de sal = 11 g. Si redondeas las cifras y las sumas, verás que da como resultado 1.200 g. Da igual el porcentaje de ingredientes o la cantidad de masa que quieras, la mecánica siempre es la misma. Pensar las recetas en porcentaje hace que trabajar con ellas sea mucho más sencillo, desde comprender cómo están organizadas por dentro hasta multiplicarlas para obtener una cantidad específica.

Calcular masa madre según refrescos

Otro truco que te puede ayudar es prever cuánta masa madre necesitas para empezar tus refrescos. Si consultas los ejemplos de refresco de la página 22 («Utilización de la masa madre: casos prácticos»), verás que en el esquema de 2 refrescos se parte de 5 g de masa madre y se termina con 135. Es decir, se multiplica 27 veces. En el esquema de 3 refrescos, se parte de 3 g y se termina con 243 g; en este caso se multiplica la masa madre 81 veces. Una manera muy sencilla de visualizar la masa madre que necesitas es consultar la cantidad que pide tu receta, pensar qué esquema de refresco vas a usar según tus horarios y preferencias, y dividir la cantidad que te pide la receta por el número de veces que se multiplica la masa madre. Por ejemplo, si la receta te pide 200 g de masa madre y te resulta cómodo el esquema de 2 refrescos, simplemente divides 200 entre 27 y sabes que necesitas empezar el primer refresco con 7,5 g.

Glosario

Absorción: la cantidad de líquido que puede absorber una harina. Normalmente las harinas integrales absorben más que las blancas, las de centeno o maíz más que las de trigo y, dentro de los trigos, las de fuerza absorben más que las flojas.

Alforfón: ver *Sarraceno*.

Alveolatura: estructura de las burbujas de gas que se crean en la masa durante la fermentación y crecen y se asientan en la cocción. Dependerá de varios factores, como la hidratación de la masa, la fuerza de la harina o la manipulación a la que se someta la masa.

Autolisis: periodo de reposo previo al amasado en que solo se mezclan la harina y el agua de la receta. Mejora las características plásticas de la masa y acorta el tiempo de amasado.

Bloque (fermentación en): primera fermentación, cuando toda la masa está aún junta, antes de la división y el formado que preceden a la segunda fermentación.

Bolear: dar a la masa forma redonda trabajándola con las manos. Puede servir como paso previo a un formado final más complejo, o bien como formado sencillo para un pan de forma redonda.

Desarrollo (del gluten): mediante el amasado, o bien mediante los reposos y manipulaciones (pliegues), el gluten de la harina consigue llegar a formarse y alcanzar su capacidad máxima de retener gas, y así conseguir una masa con fuerza y un pan esponjoso. Un gluten poco desarrollado dará un pan más chato y de miga más densa.

Desarrollo (de la masa): durante la fermentación la masa crece por la gasificación creada por las levaduras; esto hace que gane volumen y también que cambien sus propiedades plásticas. Dependiendo del tipo de pan, será mejor una masa con mayor o menor desarrollo.

Duro (trigo): el trigo que da el color amarillento a la pasta. Su interior es tan duro que, aunque se muela, es difícil conseguir harina fina (como la del trigo blando, el más habitual en panadería) y se obtiene una harina basta, como una arena que puede ser de distinto grosor (ver sémola). Tiene un sabor ligeramente dulzón y mantequilloso.

Elasticidad: capacidad de la masa de volver a su estado original tras ser estirada (como una goma). Es una de las características de las que se compone la fuerza de la harina, junto a la extensibilidad, y viene determinada por el tipo de grano, así como por el tipo de masa (una masa con grasa o mucha agua suele ser menos elástica).

Endospermo: una de las tres partes principales de las que se compone el grano de cereal (junto al salvado y al germen). Se trata de la mayor parte, que contiene principalmente almidón y forma la harina blanca.

Enhornar: meter una masa en el horno para cocerla. En un gran número de recetas de este libro se requiere una bandeja ya caliente dentro del horno antes de enhornar las piezas, para que estas reciban un golpe de calor y se desarrollen mejor en el horno.

Espelta: término polisémico que puede hacer referencia a variedades arcaicas de cereal, como la espelta menor (*Triticum monococcum*) o el *emmer* (*T. dicoccum*), aunque en la actualidad en nuestro entorno suele hacer referencia a un trigo hexaploide primo hermano del trigo común. No es un cereal mágico ni milagroso (y contiene mucho gluten).

Esponja: fermento de consistencia sólida (como una masa de pan) empleado especialmente en bollería para dar estructura, aroma y sabor.

Extensibilidad: capacidad de la masa de estirarse sin romperse (como un chicle). Es una de las características de las que se compone la fuerza de la harina, junto a la elasticidad, y viene determinada por el tipo de grano, así como por el tipo de masa (la grasa, el reposo o una gran cantidad de agua suelen dar una mayor extensibilidad a una masa).

Extracción: en molinería, la cantidad de harina que se extrae del grano completo. Una harina integral tiene una extracción del 100 %, ya que de 100 kg de grano se sacan 100 kg de harina, pero una harina blanca suele tener una extracción de aproximadamente el 71-73 %, ya que se han quitado el salvado, el germen y las partes exteriores del endospermo.

Fermentación: función biológica que realizan las levaduras y las bacterias mediante la cual transforman los azúcares de la masa (principalmente provenientes del almidón) en gas, alcohol y ácidos orgánicos.

Formado: momento del proceso en que el bloque de masa (que aún no tenía forma alguna) se forma (a menudo tras ser dividida en piezas más pequeñas) para darle el aspecto con el que entrará al horno.

Fuerza (de la harina): característica exclusiva de la harina de trigo que condiciona las características de la masa (elasticidad, extensibilidad).

Fuerza (de la masa): consistencia de la masa que viene determinada por la fuerza de la harina, pero también por la manipulación: un buen amasado, unos pliegues o la propia fermentación confieren fuerza a la masa.

Gluten: sustancia proteica de algunos cereales (que tiene su máxima expresión en la familia del trigo) que da a la masa de panes de trigo la elasticidad y extensibilidad para conseguir volumen y esponjosidad.

Greña: apertura de un pan que se expande y se fija en el horno. Puede provenir de un corte con un cuchillo antes de meter la masa al horno o bien estar hecha por otros medios, como el contacto entre dos masas.

Hidratación: cantidad de líquido (el más habitual es agua) que contiene una masa.

Masa madre (de cultivo o natural): fermento elaborado con harina y agua que, a diferencia de los fermentos con levadura, está compuesto por levaduras y bacterias, y que se multiplica y conserva mediante ciclos de alimentación («refrescos») y se conserva de una hornada a la siguiente.

Panificable (harina): harina de trigo blanca de fuerza intermedia, ni floja ni fuerte. La más empleada en panadería.

Piedra (harina molida a la): técnica de molienda que aplasta todo el cereal junto, por lo que sus tres partes se mezclan entre sí. Si se quiere hacer una harina blanca o semiintegral, hay que tamizarla posteriormente, aunque siempre quedarán partes de germen y salvado, lo que hace que estas harinas sean muy sabrosas

Pliegue: gesto que estira y pliega la masa, ya sea para darle fuerza durante la fermentación o para sustituir o complementar el amasado.

Poolish: fermento de textura líquida y aroma lácteo típico de la tradición francesa. Aporta extensibilidad a la masa.

Porcentaje panadero: sistema de expresar las recetas que toma como modelo la cantidad de harina (que es el 100 %) y expresa el resto de los ingredientes en proporción a ese 100 %.

Preformado: operación previa al formado de una pieza, que tiene por objeto preparar la masa para el formado final.

Refresco: cada uno de los ciclos de alimentación que se da a la masa madre, con harina y agua. Dependiendo de las cantidades y temperaturas empleadas, puede ser de una duración muy distinta.

Retrogradación del almidón: proceso por el cual el almidón vuelve a su estado original, lo que endurece la miga (es paralelo, pero distinto, al proceso de secado que sucede con el tiempo). Por ejemplo, un biscote es un pan seco, pero cuyo almidón no se había retrogradado antes del secado; mientras que un trozo de pan viejo es seco y su almidón está retrogradado.

Sarraceno (trigo): grano que, a pesar del nombre, no es trigo (ni siquiera está considerado un cereal) ni tiene gluten. Tiene un sabor muy intenso que, dependiendo de la variedad, hay que usar con cautela, ya que puede resultar muy fuerte.

Sémola: producto de la molienda previo a la harina Cuando el grano empieza a romperse entre las muelas o rodillos de un molino se obtienen sémolas (que pueden ser de distinto grosor). Si se siguen moliendo, se obtiene harina.

Semolina: sémola muy fina.

W (valor): valor obtenido en una prueba de laboratorio que expresa la fuerza de la harina mediante una cifra que va de menor a mayor según más fuerza tenga la harina. Menos de W100 se considera floja; de W120 a W200 se considera panificable, de W300 en adelante se considera de fuerza.

Apéndices y extras

Índice de ingredientes

A

aceite, 89, 149, 151
   de oliva virgen, 103, 135
   vegetal suave, 159
aceitunas, 69, 131
   negras deshuesadas, 83
alcaravea, 73, 85, 115
algarroba, harina de, 105
almendras tostadas, 73
almidón de maíz, 163
amapola, semillas de, 99
anís, 85, 147, 149
   en grano, 135
   molido, 117
arándanos, 163
   mermelada de, 163
avellanas, 163
   molidas, 163
   tostadas, 73
avena
   copos de, 89, 117
   remojada, 117
azúcar, 67, 159, 163, 171
   glas, 151

B

bizcocho de chocolate, 161

C

cacao en polvo, 159, 163
calabaza, 151
   semillas de, 99
canela, 149, 151, 159

cardamomo, 73, 147, 151
   molido, 87
cebada, harina de, 79
centeno
   granos rotos de, 119
   harina blanca de, 85, 87, 111, 147, 159
   harina clara de, 99, 115
   harina integral de, 79, 85, 99, 111, 113, 115, 119, 129, 145, 147, 159, 161
   masa madre de, 85, 87, 99, 119, 159, 161
   masa madre integral de, 119, 129, 135
   masa madre seca de, 101
   pan viejo de, 163
chocolate
   bizcocho de, 161
   de cobertura, 163
chorizo, 145
cilantro, semillas de, 115
clavo, 151

E

escaldado, 99, 119, 149, 159
espelta, harina de, 149
espinacas, 151

F

frambuesas, 163
frutas confitadas, 159
frutas secas, 73
frutos secos, 159

G

girasol, semillas de, 99, 119, 127
   tostadas, 85

H

harina
  blanca de centeno, 85, 87, 111, 147, 159
  clara de centeno, 99, 115
  de algarroba, 105
  de cebada, 79
  de fuerza, 69, 79, 81, 87, 133, 143, 147, 171
  de maíz, 145
  de trigo duro, 131, 135
  de trigo sarraceno, 79
  floja, 71, 151
  integral, 133, 151
  integral de centeno, 79, 85, 99, 111, 113, 115, 119, 129, 145, 147, 159, 161
  integral de espelta, 149
  integral de trigo, 65, 73, 79, 81, 83, 97, 99, 101, 113, 127, 143
  malteada, 79
  panificable, 65, 67, 73, 81, 83, 85, 97, 101, 103, 105, 115, 117, 129, 133, 143, 145, 161

hierbas aromáticas, 69
higos secos, 87
hinojo, 73, 85, 115, 147, 149
huevo, 151, 159, 163, 171, 163
  batido, 89

I

impulsor químico (Royal), 89, 151, 159, 163

J

jengibre, 159

L

leche, 67, 151, 159

levadura
  fresca, 97, 101, 103, 105
  seca, 97, 101, 103, 105
licor, 171
lino, semillas de, 85, 99, 113, 119, 127

M

maíz
  almidón de, 163
  harina de, 145
malta, sirope oscuro de, 119, 147
manteca de cerdo, 89
mantequilla, 67, 89, 117, 149, 151, 171
  fundida, 159
manzana, 151
masa madre, 79, 83, 103, 105, 111, 117, 133, 149
  activa, 81, 85, 87, 89, 97, 101, 113, 115, 117, 131, 143, 145, 147, 151, 159, 161
  blanca líquida activa, 67, 69
  de centeno, 85, 87, 99, 119, 159, 161
  dulce, 171
  integral de centeno, 119, 129, 135
  integral de trigo, 127
  integral líquida activa, 65, 73
  seca de centeno, 101
  sólida activa, 71
melaza oscura, 85, 111
mermelada de arándanos, 163
miel, 85, 111, 117, 119, 147, 171

N

nata de montar, 163

nueces, 129
  tostadas, 73
nuez moscada, 151

O
orejones, 87

P
pan de centeno viejo, 163
panceta, 145
pasas, 129, 147, 149
  de uva, 87
patata asada, 67
pimienta de Jamaica, 151
poolish, 103

S
semillas
  amapola, 99
  calabaza, 99
  cilantro, 115
  girasol, 99, 119, 127
  lino, 85, 99, 113, 119, 127
  sésamo, 99, 113, 127
  tostadas de girasol, 85

sésamo
  semillas de, 99, 113, 127
  tostado, 101
sirope oscuro de malta, 119, 147

T
tomate seco, 131
trigo
  duro, harina de, 131, 135
  sarraceno, harina de, 79
  harina de integral de, 65, 73, 79, 81, 83, 97, 99, 101, 113, 127, 143
  masa madre integral de, 127

U
uva, pasas de, 87

V
vainilla, 159

Z
zumo de cítricos, 171